Ricardo Moueza

De Nuances de Gris en Griseries Érotiques

Ricardo Moueza

De Nuances de Gris en Griseries Érotiques

La Découverte

Experts

Imprint
Any brand names and product names mentioned in this book are subject to trademark, brand or patent protection and are trademarks or registered trademarks of their respective holders. The use of brand names, product names, common names, trade names, product descriptions etc. even without a particular marking in this work is in no way to be construed to mean that such names may be regarded as unrestricted in respect of trademark and brand protection legislation and could thus be used by anyone.

Cover image: www.ingimage.com

Publisher:
Éditions Vie
is a trademark of
International Book Market Service Ltd., member of OmniScriptum Publishing Group
17 Meldrum Street, Beau Bassin 71504, Mauritius

Printed at: see last page
ISBN: 978-3-639-78352-0

De Nuances de Gris

en Griseries Érotiques

La découverte

1. Prologue

Elle avait simplement frappé doucement à ma porte.

C'était un de ces soirs où, rentrée d'une longue séquence restau entre copines, je m'étais assise sur mon canapé, déchaussée lentement, le regard un peu vidé des restes des derniers verres.

Je restai là, un peu hagarde quelques minutes, les yeux comme figés sur l'écran de ma télé éteinte et ne pensant à… rien.

Il est des gens qui vous diront que l'esprit est toujours en éveil, que l'inconscient est en permanence actif, mais je peux jurer que penser à rien, l'âme purgée de tout, comme un insondable néant sans limites, c'est possible.

Il était tard, mais le sommeil n'était pas présent, et ni lui, ni l'alcool sans excès de la soirée n'avaient encore raison de mon corps qui ne cultivait nullement l'envie du contact d'un lit inoccupé.

J'ôtai mon léger haut, puis ma petite culotte, laissant le touché flou du tissu de ma robe caresser mes cuisses, c'était agréable, car la nudité complète n'était pas ma préférence.

Vous l'avez compris, je vis seule. Ça n'est ni un grand malheur, ni un choix, pas même un constat, c'est naturellement là, je le vis bien, sans avoir ni cherché cette situation, ni voulu la contrarier.

Ni chien, ni chat, ni hamster, ni poisson rouge, et plus simplement, pas d'homme à la maison.

La fin de soirée copines avait beaucoup tourné autour du Blockbuster du moment, et Fifty Shades of Grey avait abondamment animé nos conversations de nanas.

Sourires et éclats de rire avaient généré des mots légers autour de cette production, dont le scénar central, hors des sentiers battus, pouvaient chez certaines mettre en marche la machine à fantasmes.

J'en étais.

Enfin… un peu plus que cela.

Je m'étais procuré le film sur le Net et l'avais déjà vu, revu, même. Aucune de mes amies ne le savait, ni combien le flash de certaines scènes me revenait de manière récurrente.

Je me laissais aller à ces idées et c'est sans vraiment que je ne m'en rende compte, que ma main se dotât alors d'une forme d'autonomie qui la fit se glisser sur le bas de mon ventre nu, d'abord à plat, puis que mes doigts s'accordèrent l'indépendance de visiter une partie de mon corps constatée curieusement fiévreuse.

Je me souviens que je ne restai pas pensive bien longtemps, ces doigts-là s'animant plus que de raison, et ma jambe droite se plaçant sur le haut du canapé, il se fit une caresse bien plus précise, faite de passages légers du plat de mes phalanges, puis de pincements d'une certaine extrémité à l'inavouable sensibilité, la triturant, puis tour à tour l'entourant ou la pressant encore, avant qu'une impudente intrusion ne se fît ressentir, faisant se confondre désir et plaisir, à l'image d'une rime impertinente .

C'est vrai, que cette fois là, je crois bien que mes sens allèrent au bout d'une récréation déclarée non coupable, tant mon corps se faisait présent, un peu comme une entité distincte de ma pensée.

Mon esprit revint à la réalité un très long moment après, puis je lançai la connexion Bluetooth de mon iPhone vers ma chaine HiFi pour me laisser envelopper des Notes de « Love Me Like You Do »

C'est seulement là que je l'entendis frapper, au début comme un léger bruit, puis plus fermement enfin.

Je lui ouvris la porte, et sourire aux lèvres, me mit à la détailler bien que la connaissant bien.

Depuis ses jambes fuselées jusqu'à ses épaules surplombant une poitrine simplement bien faite, elle était jolie Femme.

Son allure gaie, son sourire un peu mystérieux, son visage aux traits plaisants empreints d'une sorte de convivialité naturelle, mais montrant également une distance qui traduisait toute une histoire de vie, celle vécue, celle souhaitée, celle tellement désirée, celle qui ne lui avait encore jamais permis de croiser celui dont elle savait l'existence, mais qui lui était inaccessible et qui constituait à la fois son plus doux secret, mais aussi la plus cruelle des pensées, c'est bien tout cela qui formait une silhouette fine aux formes marquées, un corps dont je connaissais les penchants, parfois les besoins.

La douceur de sa peau tant de fois touchée, caressée, allant fréquemment jusqu'à des inavouables émois faisait d'elle une créature désirable.

Oui, je le savais, c'était bien ma Quarantaine qui se présentait à moi cette nuit-là.

2. *Ma soirée Cinéma*

Loin d'être une obsession, la personnalité de *Christian Grey* avait tout de même une facette à la fois sombre et extrême, cependant elle m'effleurait les pensées bien souvent.

Peu m'importait son histoire ou comment il en était arrivé à cette unique façon de se procurer du plaisir, mais il est clair que l'idée d'être immobilisée, le sens de la vue ôté par un bandeau, parfaitement nue, offerte totalement, imaginant la proximité des lanières d'un martinet dont je ne saurais absolument pas si elles se feraient caresse ou douleur, ni à quel instant... Oui c'est vrai, cette image s'installait confortablement dans ce que je n'aime pas appeler mes fantasmes érotiques.

Il se créait en moi comme le dessin d'une pente que mes sens malgré moi gravissaient marche après marche.

Il y a un mois seulement, ce reflet ne m'effleurait pas, et voilà que peu à peu ses contours se formaient maintenant, et l'envie de monter les autres étages de cette pente se faisait insidieuse, jusqu'à s'imposer.

Parmi mes songes les plus intimes reliés au sexe, je m'étais étonnée voilà quelques années d'avoir rêvé de plusieurs mains sur moi, en tous les cas plus de deux, en fait. Au réveil, une fois consciente, je n'avais pu que constater les effets de ce rêve sur mon corps qui avait visiblement vécu sa propre vie, cette nuit-là.

Cet incident fut un tournant à mon ressenti, un constat flagrant des exigences de mon être, l'acceptation brute du besoin réel de l'assouvissement de mes désirs les plus secrets.

Je n'ai bien consciemment pas lâché cette idée, et maintenant se construisait comme un cocktail fait de tout cela… Un *Christian Grey* dominateur certes, mais accessible toutefois, se mélangeait à un contexte où d'autres regards se poseraient sur mon corps, où des mains étrangères le toucheraient, où la brutalité de l'image produite par une cravache trancherait avec la douce caresse de son extrémité entre mes cuisses, où mon excitation extrême produite par cette situation sans précédent serait prétexte à provocation pour un couple présent, passif, mais dont la seule présence serait l'une des sources de production de mon plaisir.

La notion de fantasme se définit souvent par la non-réalisation de celui-ci qui, dès lors qu'il est vécu, fait précisément partie de ce vécu, et non plus de l'imaginaire. Je n'étais pas Femme à se laisser envahir par une envie sans la réaliser.

Bien plus qu'une décision fut prise, j'agis.

Ce soir, je vais au cinéma. Et ce ne devrait pas être une séance Disney tant je ne me sentais pas Blanche-Neige.

J'avais vu et revu les séquences de *Christian* et *Anastasia* sur l'écran de mon Mac. Qu'il était petit cet écran… il m'en fallait davantage, et pas n'importe où.

Les Premières de *Fifty Shades of Grey* avaient déjà eu lieu et la fréquentation en salle baissait maintenant. Il me fallait une petite salle, pas un grand Rex. Un projet fou et terriblement personnel se formait en moi.

Ce soir-là, je m'initiai au non-port de culotte en zone publique.

De ma vie je n'avais jamais osé…

Non seulement délibérément habillée sur le mode sexy surmonté d'une haute zone à risque, à savoir une jupe courte, et ample bien au-dessus du genou, j'osai un décolleté qui se fit scandaleusement plongeant, et c'est armée de mes désirs à fleur de peau et d'idées les plus perverses qui soient que je m'élançai en ville avec dans mon sac à main un petit objet personnel, générateur de plaisirs solitaires, et compagnon de longues années.

Je choisis ma Salle, fréquentation encore importante pour ce film, mais surtout ce grand écran qui me présenterait enfin le détail du corps *d'Anastasia*, penchée en avant poitrine dénudée appuyée sur cette table, ses pieds nus bien à plat au sol, ou alors la puissance des épaules de *Christian* lorsqu'il la prend de ses poussées vigoureuses, ses mains attachées, ou bien encore le déplacement lent des lanières du martinet sur la pointe de ses seins durcis par le désir.

Une rapide vue d'ensemble dès mon arrivée me montra une salle bondée sur les rangées du bas, alors je montai, montai… jusqu'à me placer seule, avant dernière rangée, vue totale sur la salle, et fut contente de constater l'un des intérêts de ce Cinéma : on pouvait allonger ses jambes, jamais gênée par le siège de devant. C'était confortable, il y avait de la place.

Je balayai ma rangée du regard, puis derrière moi. Mon coup d'œil que je voulais furtif se planta en une demi-seconde dans un autre regard dont le propriétaire, genre brun, dont la cinquantaine dégageait un charme sans limites. Je ne sus jamais comment expliquer avoir, en un seul échange visuel, dans le simple éclairage d'une salle de cinéma pu distinguer ses yeux marron d'un clair inspirant quelque chose de fort, comme de la sécurité, de la confiance, je ne sais trop.

Ce que je sais c'est qu'un certain trouble me prit, et il me vint à l'esprit que je pourrai suivre cet homme, si ces yeux là se plantaient plus longtemps dans les miens, et qu'un simple geste… qu'un simple mot…

Dire de lui qu'il était craquant se plaçait bien en dessous de ma réalité du moment.

Je sentais ma sensualité à fleur de peau, il y avait en moi comme une chaleur sulfureuse, le fait d'être totalement nue sous quelques grammes de vêtements, sans soutien-gorge, sans culotte, cet homme mur juste derrière moi, les images flottantes et se faisant attendre de *Christian Grey* ôtant son tee-shirt avant de se placer entre les jambes d'*Anastasia…*

Comble de tout, cet autre homme, qui venait de rentrer dans la salle et dont émanait la séduction même.

Cette soirée était-elle donc si spéciale que cela… ?

Lentement les gens arrivaient, il y eut un couple qui se mit à ma gauche... Très tendre, le couple. Cette Blonde aux cheveux longs et au corps bien formé devait partager bien du plaisir avec son amoureux aux traits asiatiques, métissé quelque chose... parmi les plus beaux mélanges, et donnant à des hommes ou des femmes des origines indéfinissables.

Peu de places restaient encore libres, dont celle à ma droite.

C'est elle que choisit le dernier arrivant.

Il me décocha un sourire ravageur avant de s'asseoir sans me lâcher des yeux en même temps que la lumière faiblit sans encore plonger la salle dans le noir, puis l'écran s'illumina.

C'est lorsque le générique commença qu'il me vint une idée parfaitement folle.

Sous le regard devenu indécent de mon voisin maintenant fixé sur mon corps, de ma main gauche, je déposai mon objet secret sur ma cuisse droite.

Rouge.

Il se détachait dans la pénombre.

De la taille d'un Rouge à lèvres, ça n'en était pas un. Petit objet générateur d'effets indescriptibles, mon vibro était pour la première fois à disposition de mains qui n'étaient pas miennes.

Mon corps se faisait comme une offrande, tandis que débutait la bande-son mettant en scène *Christian Grey*.

Extinction de l'éclairage de salle, une ambiance d'un érotisme étouffant se propageant jusque sous ma jupe, une attente, la proposition muette faite à mon voisin était là, sur ma cuisse nue.

Alors que j'étais pourtant certaine de maitriser la situation parce qu'étant celle qui propose, la surprise ne vint pas de celui que j'attendais.

Je sentis sur chacune de mes épaules le contact de deux mains qui se mirent à circuler lentement vers ma nuque, les doigts s'insérant délicieusement entre mes cheveux et mon cou, le tout produisant un effet surprenant aux conséquences des plus sensuelles.

C'est tout mon corps qui en frémit, réalisant l'effort surhumain de ne montrer aucune réaction.

3. *Le dérapage*

En d'autres circonstances, j'aurai trouvé mon cinquantenaire pour le moins culotté, mais je me dis qu'il avait dû voir mon geste d'invite à mon voisin.

Voilà donc qu'il s'intégrait à mon petit jeu pervers et ça... ça n'était pas prévu du tout, ayant mes vues érotiques plutôt associées à mon voisin de droite jusqu'ici.

J'en étais encore à assurer le contrôle de mes réactions suite à cet attouchement quand une suite de mouvements se passa à côté de moi.

Je me rendis compte qu'ils étaient Quatre... oui... quatre doigts se posèrent alors sur l'intérieur de ma cuisse, tous appartenant à une main droite dont le pouce se déposa sur ma peau, avec une délicatesse infinie, un peu plus haut que le genou droit...

En cet instant précis, un chaste Poète aurait écrit « une douce chaleur s'insinua en mon corps... »

Mais moi je vais vous dire la vérité... : Un violent frisson me parcourut, partant depuis le point d'impact de chacun de ces quatre contacts que je ressentis comme quatre météorites distinctes percutant le sol terrestre dans la plus spectaculaire des scènes Hollywoodiennes.

L'onde météoritique parcourut la distance genou/entrecuisse en un millième de seconde, allant même jusqu'à produire cette petite douleur à l'estomac, comme un léger nœud au fond du ventre qui vous irradie tout le corps.

Tandis *qu'Anastasia* se relevait de son entrée complètement ratée dans le bureau de *Christian Grey* en échangeant leur tout premier regard à la quatrième minute du Film, je subissais une caresse de la nuque, faite d'un revers de main droite en même temps que l'autre main survolait à très basse altitude mon épaule, mais en s'insérant cette fois-ci entre la fine bretelle de mon chemisier et ma peau.

J'étais figée.

Mes yeux regardaient l'écran, mais ne voyaient rien, comme si la liaison œil/cerveau était rompue. Mon corps entier n'était que sensations et rien que sensations.

Dans le noir de ce Cinéma, deux hommes avaient les mains posées sur moi sur des parties nues de mon corps.

J'en étais à poser cette simple idée en mon esprit lorsque les quatre doigts opérèrent un lent mouvement vers mon entre-jambes.

Là, je ne contrôlais plus vraiment le vaisseau. Mes jambes se mirent à trembler, comme une vibration, et lorsque ces doigts-là se transformèrent en main, chaude, que dis-je, brulante, se déposant bien à plat à l'intérieur de ma cuisse, je frisai l'évanouissement. En tous cas, je fermai les yeux quelques secondes.

Tout ceci n'était rien à côté de ce qui m'attendait, mais je n'en savais encore justement rien.

Lorsque je rouvris les yeux la main la plus active s'était arrêtée, plaquée contre ma cuisse et se faisant impérative cette fois, intimant son éloignement de l'autre. Techniquement, mon choix se limitait à : soit écarter les jambes, ou crier au Viol au moment précis ou *Anastasia* s'évanouissait, complètement saoule dans les bras de *Christian* en sortant de boite.

Je me dis que le deuxième choix n'était pas une bonne idée. J'écartai les cuisses tout en m'avançant un peu sur mon siège.

Le léger tissu au-dessus de mon épaule était maintenant délibérément repoussé, écarté, et ma bretelle tomba sur mon bras en même temps qu'une main douce, mais virile se saisit de mon sein gauche tout en caressant du pouce son extrémité devenue dure.

Voilà maintenant qu'elle se saisit de mon mamelon entre ses deux doigts, et que, paisiblement, elle le faisait rouler dans un sens, puis l'autre.

Il en fit autant de la main droite.

Me voilà comme saisie par deux mains viriles, me soutenant la poitrine en même temps que me triturant les deux bouts de seins.

Ma respiration changea de rythme, mon corps sans doute de température, et cela produit un effet curieux : ça n'était plus de sexe brut dont je ressentais le besoin. J'avais envie de cet homme-là.

Ma main gauche se saisit de mon faux rouge à lèvres toujours déposé sur ma cuisse, tandis que je plantai mon regard dans les yeux de mon voisin de droite tout en lui saisissant le poignet fermement.

Je déplaçai sa main, la posant sur l'accoudoir sans le quitter des yeux. Il ne comprit pas, mais ne s'opposa en rien à mon geste, l'air interdit, mais sans nul doute pas disposé à m'entendre hurler en le désignant.

La situation avait un aspect parfaitement ubuesque, et je ne me compris pas moi même.

On mettra cela, pour faire court, sur le compte de la personnalité bien souvent changeante des Femmes.

Mon corps était là, l'entrejambe trempé de désir, un besoin de sexe indescriptible, comme arrivée à une situation de non-retour, et voilà que les mains de cet homme tenant du bout des doigts l'extrémité durcie de mes seins ne m'en faisaient désirer qu'un seul : Lui.

Je ne me sentis plus à ma place. Physiquement, je veux dire.

Et puis j'avais besoin de contrôler ce désir nouveau, de le comprendre, en tous cas.

À la fois nouveau, et omnidirectionnel. Le regard échangé furtivement avec cet homme derrière moi m'avait-il hypnotisé ? Ses mains sur ma poitrine, immobilisées maintenant m'avaient-elles prise toute entière, corps certes, mais âme comprise, à l'image de la pression qu'elles exerçaient maintenant sur mon torse nu ?

Il me fallait me mettre les idées en place. Trop de contradictions mêlées de désir sexuel très fort se mélangeaient en moi.

Je réajustai mon chemisier puis ôtai ces mains de sur mon corps.

J'étais bouleversée.

Je me levai et dérangeai toute la travée, me dirigeant maintenant vers les toilettes.

4. *Ryan*

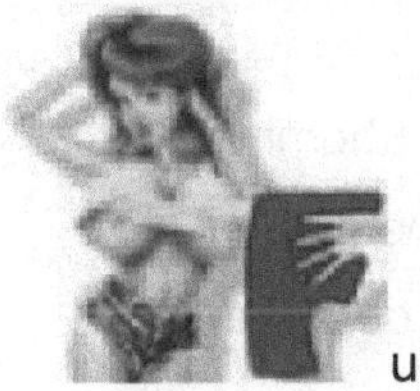

Fuir n'était pas vraiment le mot, je ne me sentais pas en faute, mais la situation était pour le moins spéciale.

Je descendis rapidement les marches puis ouvrit la porte de ces Toilettes.

J'eus juste le temps de m'étonner de la sobriété de l'endroit, parfaitement propre et net, le genre de lieu où toute femme du monde peut réajuster son maquillage sereinement.

Une lumière cependant pas trop forte éclairait un miroir dans lequel je me vis un instant, avant de réaliser que la porte se rouvrait, dessinant dans son encadrement le Propriétaire des Mains qui avaient laissé leur empreinte sur ma poitrine.

Il entra, referma la porte, fit un pas vers moi et s'arrêta.

Mon esprit s'arrêta aussi de fabriquer des pensées.

En fait… tout s'arrêta, le temps, notamment. Sûre que l'aiguille des secondes de ma montre s'arrêta, elle aussi.

L'espace-temps se mit à flotter.

Si ce n'était un indéfinissable sourire porté à ses lèvres, l'ambiance de l'instant put paraître inquiétante.

Il n'en était rien.

Il s'approcha de moi, vraiment très près, passa un bras sur mes reins et m'attira contre lui, tandis que son autre main se plaça directement sur mon sexe nu, sous ma jupe, tout d'abord à plat, en même temps que son torse se plaqua à ma poitrine avec une douceur infinie.

La chaleur, et l'impression de puissance qui se dégageait de cet homme me faisaient, sans un seul mot échangé, me soumettre entièrement à lui, le laissant maintenant me prendre le sexe à pleine main, lui la bougeant de gauche à droite, m'écartant les cuisses en même temps que me poussant vers la table soutenant les deux lavabos du lieu.

Mes seins à ce moment pointaient littéralement tels des obus, leurs pointes saillantes, ne cachant plus le désir qui m'avait envahi.

Un mouvement circulaire s'opéra, et je pensai à une pénétration de ses doigts.

Il ne le fit pas.

Une sorte de faiblesse de mes membres inférieurs se manifesta, à la limite de la chute, mais cela accrut la pression de la main qui me caressait et augmenta encore cette faiblesse.

C'était un cercle vicieux.

Les idées s'embrouillaient dans ma tête, incapable de sortir un son de ma bouche, sous l'emprise totale des pulsions de mon corps, ce dernier prenait le pas sur mon esprit

malgré moi des sensations puissantes se construisaient et je voulus m'écarter un instant en plaçant mes deux mains à plat contre le torse de mon... agresseur ?

Je ne savais plus très bien.

Le contact de mes paumes de main sur son torse eut un tout autre effet que celui souhaité d'éloignement, de repoussoir... J'eus encore davantage envie de lui, prenant conscience alors que j'avais la chatte trempée.

En cet instant le bas de mon ventre entretenait une tension électrique qui se diffusait jusqu'à la pointe de mon clitoris, ça n'était plus une envie, ce que je ressentais était un besoin.

Il me souleva comme une plume par le seul soutien de son bras gauche sans enlever sa main droite de son diabolique emplacement, générant au bas de mon ventre une sorte de chaleur dont je ne connaissais que trop bien les effets à très court terme.

Mes cuisses s'ouvrirent en grand.

La main à plat commença à se transformer en doigt… sans me pénétrer, il plaça la longueur de son majeur dans ma fente, comme pour seulement vérifier quelque chose.

Puis celui qui s'était imposé comme le Maître de séance dit seulement : "Tu mouilles."

Mon corps faisait plus que me trahir, entre le haut de mes deux cuisses se passaient des choses certes inavouables, mais ô combien envahissantes.

Son doigt s'appuyait maintenant sur mon clitoris duquel il ne s'était jamais détaché depuis maintenant dix minutes que cette lente masturbation m'était appliquée.

Cet imbécile de Clito était maintenant devenu dur sans que je n'y puisse rien et je mouillais effectivement comme une folle.

Je croyais avoir atteint l'extrême limite, juste avant l'orgasme alors qu'il n'avait encore même pas amorcé ce qu'il est convenu d'appeler l'acte sexuel.

Il fit alors quelque chose d'innommable : l'action combinée de son pouce et de son index enserra mon clitoris comme j'aurai pu le faire d'un sexe d'homme. Il assura une pression de ses deux doigts puis débuta un lent va-et-vient, dégageant ma fulgurante extrémité de son petit étui, me branlant ainsi d'un mouvement ferme en même temps que ses lèvres chaudes et d'une sensualité à mourir s'emparèrent des miennes.

Cette caresse si spéciale dura longtemps, alternant avec le passage de ses doigts emplis de ma cyprine sur son extrémité dénudée, m'amenant à la frontière d'un orgasme fou, puis s'arrêtant net lorsque les spasmes prémonitoires dessinaient leur approche.

Puis ses mains remontèrent ma jupe complètement et je sentis l'approche de l'extrémité de son sexe contre ma vulve.

Je tentais de m'avancer, voulant provoquer cette pénétration qui tardait. Mais a chaque fois il reculait, et je compris qu'il s'était saisi de son sexe, le frottant contre l'entrée de mon vagin, étalant ma cyprine, alternant ses passages entre mon clitoris innervé de désir, et le seuil de mon intimité la plus personnelle qui soit, seulement le seuil.

J'avançais mes hanches, un besoin de lui en moi, le besoin était fort, le désir puissant, mal de ce vide au fond de moi, l'entre jambe mouillé comme jamais. À chaque fois, il reculait un peu, faisant s'étaler dans le temps cette torture faite d'un infini plaisir.

Il entra en moi d'un coup.

D'un coup je sentis chacun des centimètres de son sexe chaud et dur, me pénétrer jusqu'à la garde et rester ainsi quatre ou cinq secondes, comme planté, sans bouger, ses mains faisant doucement osciller mon corps, ce geste accentuant le contact de lui a l'intérieur de moi, puis il se retira un peu et se réintroduit avec la même puissance.

Je le sentais bien, et ses mouvements tout d'abord lents déclenchaient en moi des spasmes de plaisir, le ventre en feu et mon corps entier à sa merci.

Les mouvements de mon amant devinrent plus rapides, et j'aimais la sensation des va-et-vient de son sexe fort qui coulissait en moi, me comblant à chaque fois de sa chaude fermeté.

Une fois de plus je tentai de retenir un orgasme que je prévoyais dévastateur, cette fois-ci n'y parvenant pas.

Il vint alors quelque chose du plus profond de moi, une effroyable tension qui se rappela à mes sens, comme une série de spasmes, indescriptibles par le choix des mots, des vagues de plaisir extrême, ou quelque chose comme ça.

Un orgasme qui ne fut pas ponctuel, mais qui dura, me laissant cette impression de parfait irréel, alors que dans le même temps je goûtais encore ce sexe, qui, effectuant ses intimes et flamboyantes caresses au fond de mon corps, me transmettait la cadence de ses pénétrations parfaitement maitrisées.

Ses va-et-vient s'accéléraient et je sentais aussi qu'ils se faisaient plus courts. Puis il y eut ce mouvement de lui qui s'enfonçait plus vivement encore, mais ne se retira pas cette fois ci.

Je le sentis jouir en moi, me transmettant toute la chaleur du plaisir qu'il venait de déposer au fond de mon corps.

Un brusque état de faiblesse m'envahit, mon Être entier venait de n'être que plaisir, au-delà de tout, un plaisir ultime à l'orgasme abouti, sans faille et parfait.

Il s'écoula des minutes d'immobilité avant que ses lèvres ne se mirent à parcourir lentement chacun des millimètres de mon corps, depuis mon épaule jusqu'à mes lèvres, prises par les siennes dans la magie d'un baiser qui me ramena à la vie par ses effets fulgurants.

Ce baiser, sa tendresse, sa délicatesse faite d'une sensualité qui m'était inconnue, exécutés avec une douceur que je ne saurais décrire, formaient un contraste saisissant avec l'espace animal que mon corps venait de traverser.

Son membre encore en moi, irradiant sa chaleur dans tout mon bas ventre, il me caressait les tempes du bout des doigts, le cou du revers de ses mains jusqu'à ce que je pus entrouvrir les yeux.

Les yeux légèrement plissés derrière de fines lunettes, il me sourit, de ces sourires qui vous déshabillent de toute retenue, qui vous laissent la certitude de connaître cette personne depuis toujours.

Il dit simplement : « Je m'appelle Ryan

5. La découverte

Bien au-delà de ce qui se passa cette nuit-là, je dois reconnaître que cette expérience fut pour moi révélatrice de quelque chose d'encore inconnu.

Ce qui s'était passé n'avait rien de l'image salace d'une Nana qui s'est faite baisée dans les toilettes. Je n'avais pas été seulement baisée. On s'était occupée de moi.

Par un jeu de caresses, de recherches, d'attouchements ciblés, cet homme à bien montré qu'il n'était pas en quête d'un plaisir égoïste, il m'a donné du plaisir, et cela bien mieux qu'aucun de mes ex boy's friend ne l'avaient fait jusqu'alors.

Comment un parfait inconnu avait-il pu me mettre dans un état pareil ? Déclencher en mon corps toutes ces choses sans qu'aucune approche, osons le mot, « classique » n'eût été faite ?

Il s'agissait de Sexe à l'état brut, certes, et quoi que j'en dise, je m'y étais préparée, ce soir-là. Mais tout de même...

Je me sentais en situation de Découverte, un peu comme si ma vie jusqu'ici n'avait été construite que de nuances de gris, et que depuis Ryan, des couleurs apparaissaient, à l'image de ces effets vidéo dans certains Clips à la télé.

Voilà que deux jours s'étaient passés et que je ne me sentais plus la même, ne ressentant qu'une chose : Un effet d'attente, me ressassant en boucle les derniers mots de Ryan lorsque nous nous sommes quittés ce soir-là.

Une fois la tempête passée, nous étions sortis prendre un café à une terrasse. Je ne me lassais pas d'entendre sa voix, qui parlait de moi, qui expliquait par le détail combien mon corps lui inspirait le désir.

Ses termes étaient presque techniques, ça n'était ni de la drague, ni une bête suite de compliments, mais l'explication par le menu de ce qui nous avait conduits ici, et il le faisait bien, capable de transformer une femme comme moi, ayant peu d'assurance et vivant son quotidien de manière anonyme, en une créature de rêve, tant par ses mots il savait exprimer la mise en valeur de chacune des parties de mon corps.

Nous n'en avons pas fini, me dit-il. « Laisse-moi te connaître »

J'en étais encore à me demander ce qu'un homme pouvait connaître de plus de ma personne après que mon corps lui fut donné à ce point, et souris, pensant à mon attitude ce soir-là, les jambes croisées à côté de lui, ses doigts caressant mes cuisses encore frémissantes de plaisir, et l'âme emplie de volupté.

Il parlait d'une voix chaude baignant dans une douce sensualité, et je me sentais Mowgli devant Kaa, le serpent hypnotiseur du Livre de la Jungle, d'une jungle ne contenant plus aucun Shere Khan, mais faite que de sérénité, de couleurs chatoyantes, de plénitude et de plaisirs des sens.

Ryan me quitta ce soir-là après m'avoir raccompagnée au-devant de ma porte, insistant sur ma réponse à son « Laisse-moi te connaitre »

Je lui dis que je n'avais compris que c'était une demande, et je fus surprise de l'entendre me répondre qu'il ne m'obligeait à rien, que notre expérience de ce soir-là n'était pour lui que les prémices d'un chemin menant à des Ravissements de l'Être dont je ne soupçonne pas l'ampleur.

Il m'embrassa, ses mains s'emparant une nouvelle fois de mon corps dénudé de tous sous-vêtements ce soir-là.

Je lui glissai un « tout ce que tu veux » dans un souffle.

Puis il s'éloigna de moi.

C'est moi qui t'appelle, entendis-je.

6. La Visite professionnelle

Le Troisième jour s'entamait et L'idée de Ryan devenait maintenant obsessionnelle.

Certes nous avions échangé nos Numéros de portables, mais il m'avait fait promettre d'attendre son appel.

À aucun moment je n'avais pensé qu'il pouvait disparaitre dans la nature. J'attendais, simplement.

J'étais là devant mon café, encore en nuisette, le corps toujours endolori d'une nuit de sommeil ou peut être un peu aussi des effets des caresses intimes que je m'étais prodiguées avant de m'endormir.

J'étais arrivée à des sensations obtenues plus facilement que d'ordinaire, les images de ce que j'avais vécu voilà quelques jours ne s'effaçaient pas, et j'avais joui sur les vagues de la sensation des deux doigts de Ryan, tenant mon clito à sa base, le découvrant tout entier, et posant seulement sa langue mouillée sur mon extrémité.

Depuis 48 heures, les détails me revenaient sans cesse et n'avaient rien de souvenirs.

Je revivais cela littéralement.

Parfois même, sans que je ne me touche, dans les situations les plus ordinaires de ma vie de tous les jours, tel hier soir en faisant ma vaisselle, après avoir rapidement diné d'une salade, tandis que mes mains étaient au contact d'un vulgaire liquide vaisselle, d'une simple assiette, mon esprit divaguait et se laissait transporter dans ces toilettes de Cinéma sous les mains de Ryan.

Je ne me rendis compte de rien de particulier.

C'est lorsque je m'assis devant mon téléviseur que je réalisai que j'avais le sexe bien plus qu'humide. Cela me fit un peu peur… Mon esprit s'était donc dissocié des réactions de mon corps.

Je pensais à Ryan, et je mouillais, alors qu'à ce moment-là je n'avais pas de mon propre gré recherché des sensations sexuelles.

Je finis mon café ce matin-là en me disant qu'il était temps que je m'habille, que c'était une belle journée et que, histoire de changer un peu, je bannirai bien mon éternel *Jean/chemisier.*

C'est donc cette jupe juste au-dessus du genou, serrée à la taille, large du bas qui eu mes faveurs du matin, surmontée de ce chemisier très professionnel dont je pouvais régler le décolleté au centimètre prés grâce à ses boutons.

Éternels embouteillages, arrivée au boulot, puis échange de bisous ou de saluts divers entre collègues, avec qu'une hâte, me retrouver seule à mon bureau, même si entre les coups de fil et les visites courantes je ne trouvais bien souvent que quelques instants de tranquillité, j'y étais bien, dans ce bureau, porte entrouverte, parfois fermée lors de réunions, ou visites.

Ma journée de boulot commença, donc. Je ne pouvais pas savoir à quel point ce qui se passa dans les heures qui suivirent allait faire de cette journée de travail l'une des plus marquantes de ma carrière.

C'est en milieu d'après-midi que la Collègue de l'accueil me signala une demande... une visite... Je ne me rappelais d'aucun Rendez-vous et je ne recevais des visiteurs extérieurs que justement sur Rendez-vous.

Interloquée, je consultai rapidement mon agenda pour y voir une après-midi sans aucune consultation prévue.

Au bout du fil on s'impatientait, moi, petit Ange du service public, il fallut bien que je réponde que oui, j'étais disponible, « faites entrer cette personne ».

C'est seulement en cet instant, qu'épouvantée, je me rappelai que ma Chef de Service m'avait dit la veille qu'elle passerait me montrer un dossier délicat et qu'elle voulait mon avis. Pourtant... ma Chef de Service n'était pas du genre à se faire annoncer... plutôt du genre à pousser ma porte sans prévenir.

À propos de porte, on venait d'y frapper, et je répondis d'un « Entrez, c'est ouvert » assez machinal, sans encore relever la tête, occupée que j'étais à chercher au sol ces petits ciseaux que je venais de faire tomber du tiroir du bureau.

L'horloge du temps ces derniers jours avait une très fâcheuse tendance à s'arrêter.

Oui, je sais c'est une notion parfaitement incompréhensible du commun des mortels dont je découvrais ne plus faire partie depuis une certaine soirée, mais je vous rappelle que je suis aussi capable parfois de ne penser à rien, ce qui fait de moi un Être tout à fait à part, en tous cas j'aime à le penser...

Levant la tête de mon tiroir, je vis la porte de mon bureau se refermer, et devant cette porte, Ryan.

Le temps s'arrêta. Mon cœur s'arrêta de battre, la Terre s'arrêta de tourner, ce qui eu pour effet immédiat de me mettre en apesanteur, perdant toute sensation d'espace, de toucher ou d'existence, même. Bref, le même phénomène paranormal d'il y a quelques jours se produit.

Mes pensées se liquéfièrent et mon ventre se noua instantanément.

Toujours armé de ce sourire ravageur, il bougea ses larges épaules et une part de mon esprit déduisit qu'il s'avançait vers moi.

Il contourna mon bureau et m'embrassa sur la bouche, le plus naturellement du monde.

Il faut savoir que chez Ryan, « embrasser le plus naturellement du monde », consiste aussi, en accompagnement au baiser, à poser sa main sur votre cuisse, et à la remonter tout en vous écartant les jambes jusqu'à placer ses doigts directement sur votre sexe.

C'est donc très naturellement que, en pleine après-midi de travail, la partie la plus intime de mon corps se trouvait enserrée entre les doigts d'un homme étranger à mon Service, le tout à proximité immédiate de mes collègues, qui a tous moments pouvaient entrer.

La conscience de cela me vint très brutalement et je retins ses bras, ce qui eut pour effet de faire reculer mon fauteuil sur ses roulettes à environ 50 cm du bord de mon bureau.

Ryan n'hésita pas, il se plaça en cet espace ainsi créé, se mit à genoux et posa ses lèvres sur l'intérieur de mes cuisses.

Nom de Dieu ! Voilà que ça me reprenait. Comme un immense espace de volupté me saisit immédiatement, sa bouche contre ma peau, et maintenant sa langue humide qui remontait vers mon sexe qui déjà réagissait, les deux mains de Ryan écartant délibérément mes jambes, tandis que cette situation devenait pour moi une vraie panique !

Non ! Ca n'était pas le bon lieu, pas ici. Ce bureau, c'était mon travail, pas ma vie privée, encore moins ma vie sexuelle.

Et pourtant... ma volonté, totalement à la merci des réactions de mon corps fut annihilée en l'instant.

Sa langue, si proche de mon intimité, ses mains commençant à remonter mes flancs sous mon chemisier me firent renverser la tête, submergée que j'étais par un tsunami de sensations.

Le bruit de la poignée de la porte de mon bureau, pourtant discret, me fit l'effet d'une explosion.

Il ne me fallut pas cinquante centièmes de secondes pour relever mon visage, voir la porte commencer à s'ouvrir, parfaitement en face de moi, mettre mes deux mains sur la tête de Ryan, le repousser, poser mes mains sur le bureau et rapprocher mon fauteuil.

Je le fis si rapidement que mes fesses se déplacèrent plus vite que mon siège, ce qui me plaça juste au bord de celui-ci.

Ma Cheffe !

Elle ouvrit la porte en grand d'une main, l'autre chargée de dossiers, entra de dos, marchant en arrière lentement tout en terminant une conversation animée avec une collègue.

Mon cœur, celui qui s'était arrêté tout à l'heure à l'apparition de Ryan, explosait littéralement.

J'eus à peine le temps de remercier le petit Jésus de cette entrée en marche arrière, que je réalisai que Ryan s'était enfoncé sans peine sous mon bureau, qui par un bonheur sacré, était à la fois vaste et surtout fermé de devant...

Ma Cheffe pivota sur ses talons, fermant la porte, et porta finalement son regard sur moi.

Elle s'immobilisa net.

-Dites-moi… vous allez bien ?

— Oui, oui, mais vous savez, cette clim en panne, ça devient pénible, vous savez…

Et vous comment allez-vous ?

Elle ne répondit pas, me dévisageant…

-Faites attention, ma petite, je vous trouve vraiment pâle.

Puis elle posa son dossier sur le bureau, s'installant en face de moi.

Je reprenais mes esprits petit à petit, arrivant, je vous l'assure, à repousser l'idée qu'un homme complètement fou se trouvait en ce moment sous mon bureau, à quelques centimètres de mes jambes.

Ma Supérieure, plus professionnelle que jamais expliqua l'objet de sa visite, mentionnant des faits, des noms, exposant des choses dont à peu près 15 % du sens parvenait à mes neurones.

C'est au moment où je pris la parole que je sentis que l'on me déchaussait !

« On » enleva chacune de mes chaussures, mettant mes pieds à nu, puis « on » entreprit de caresser le dessus de l'un d'entre eux d'une main, tout en plaçant l'autre, bien à plat sur le dessous, diffusant une chaleur incroyable.

Mon propos se fut très court, laissant à mon interlocutrice le soin de direction de la conversation.

Ryan s'était visiblement mis en tête les choses les plus folles et ne tenait à l'évidence absolument pas compte de l'incongru de la situation, parce que maintenant il écartait avec force mes jambes de sa... tête... alors que ses deux mains remontaient lentement le long de mes jambes d'une caresse du revers de main.

Je ne pouvais lutter, ou du moins le faisant, mon visage se crispant sous l'effort, ma Cheffe se rendrait bien compte que quelque chose ne va pas.

Et de fait, quelque chose n'allait pas, enfin je veux dire... pas du tout.

Je dus me contraindre. Et les fesses tout au bord de mon fauteuil de bureau à roulettes, je laissai faire.

Mes deux cuisses firent alors un boulevard aux intentions de Ryan.

7. L'Assaut final

Sa tête arrêtât donc de forcer entre mes deux genoux, et ses mains continuèrent de monter naturellement, se faisant un chemin délicat et tout simplement déraisonnable vers l'intérieur de mes cuisses maintenant grandes ouvertes.

Très rapidement me traversa l'idée que le rempart de ma culotte stopperait net ses velléités outrancières pour le moins.

La situation était devenue impossible, je réfléchissais à une solution, comment faire sortir ma Cheffe de ce bureau très vite, et sans l'alarmer, lui dire quoi ?...Faire quoi ?

J'en étais là de mes pensées quand le son, plus fort, de sa voix me fit entendre « Mais enfin, vous entendez ce que je vous dis ? Vous ne me répondez pas ! »

Euh… Elle avait dit quoi ?

Je m'en sortis par une pirouette verbale, et c'est là que Ryan mit le plat de ses deux mains chaudes sur l'intérieur de mes cuisses.

L'effet Chair de poule fut immédiat, en même temps que l'hygrométrie intime se mit à augmenter furieusement.

Je mis mes mains sur mes tempes et fermai les yeux, simulant un mal de tête qui fut reconnu comme tel par ma visiteuse qui s'exclama d'un « Et bien voilà, je savais bien que vous n'étiez pas bien... Bon écoutez, je ne vais pas m'attarder, mais tout de même... » et elle continua.

Ryan s'obstinait à passer doucement ses mains sur l'intérieur de mes cuisses, me caressant depuis les genoux, remontant lentement jusqu'à l'orée de mon sexe trempé, puis faisant ce mouvement plusieurs fois.

Voilà maintenant que sa main gauche se hasardait sur mon bas ventre et remontait encore, touchant en l'instant présent la peau de mon ventre, surface encore cachée par rapport au haut du bureau.

Puis subitement, il ôta sa main droite.

Ce fut un répit, qui me permit d'échanger 15 secondes de dialogue cohérent avec ma Cheffe sans arrêter de me caresser la tempe d'une main, montrant ma désastreuse souffrance.

À ce stade, je me disais que si j'arrivais à ne pas fondre à des caresses sur l'intérieur de mes cuisses, j'étais encore capable de sauver la situation, bien décidée à passer Ryan par la fenêtre dès que nous nous serions retrouvés seuls. Il m'entendrait, celui-là !

Puis il se passa quelque chose de très curieux.

De sa main gauche, sous le bureau, Ryan abandonna ma cuisse droite, et fit remonter ma jupe jusqu'à la taille côté gauche.

Je sentis alors le contact de l'acier froid au niveau de ma taille, sur mon côté gauche, s'en suivit un bruit léger de tissu coupé et un brusque relâchement de mon bas ventre.

Le Fou furieux du dessous de mon bureau venait de retrouver mes ciseaux et était maintenant en train de couper aussi le côté droit de la taille de ma petite culotte.

Mes yeux s'agrandirent à l'infini, mon sang se glaça en même temps que la température de la pièce augmentât de 10 degrés, ce qui devait donner un aspect indescriptible à mon visage.

Alors là, ma Cheffe se recula tout aussi brusquement, elle aussi les yeux écarquillés, pour me dire « Mais enfin qu'est-ce qui se passe, chez vous ? je ne vous ai jamais vue comme ça ! »

Je répondis que son dernier propos était étonnant, et que ma surprise était spontanée.

« — Surprise de quoi ? je vous disais seulement qu'il y avait un soleil radieux, vous auriez vu votre tête ! »

J'imaginai l'espace d'une seconde Ryan, regardant les cuisses et mon sexe parfaitement nus sous le bureau, ma jupe maintenant complètement relevée, et récitant les derniers sacrements à ma chère petite culotte.

Ce que je n'imaginais pas, c'est qu'il puisse tirer ma chaise aux roulettes bien huilées vers lui, plaquant directement mon clitoris sur sa bouche.

Il le fit.

Ce qui fit dire à ma Cheffe qu'elle était contente que, enfin, je me concentre et mette le nez plus près de ce Dossier qu'elle s'obstinait à me montrer depuis 20 minutes.

Un très grand moment de solitude m'envahit lorsque mon clitoris fut intégralement absorbé sous les lèvres de Ryan et me fit ressentir à quel point il était devenu dur tant il roulait littéralement sous la langue, de toute sa longueur, l'extrémité de mon petit bouton empreint de désir plaqué sur le palais de Ryan tandis que sa langue le caressait par le bas.

À chaque mouvement de sa langue qu'il lançait en avant, la ramenant doucement en arrière, il s'effectuait un début d'infime pénétration qui me faisait frôler l'évanouissement.

Je me pris la tête des deux mains, masquant mes yeux, tout mon corps frissonnant, et pris d'une furieuse envie de sexe, là maintenant, tout de suite, un inquiétant besoin de pénétration me secouant tout le corps, depuis la pointe de mes seins durs comme le béton et me faisant mal au seul contact du sous-tif, jusqu'à l'extrémité de mes pieds nus déposés sur le carreau froid.

Le fond du ventre en ébullition, la chatte mouillée comme jamais, et les jambes tremblantes, j'étais à deux doigts d'un orgasme non contrôlé.

— Bon, ça suffit, j'appelle notre médecin de Service !

Le ton était ferme, de celui du Chef de guerre dont on ne discute pas l'ordre.

J'imaginais mal mon Collègue Médecin me prenant la tension, un Doliprane à la main et m'interrogeant sur les raisons de mon état, pendant que Ryan m'administrait un traitement pornographique d'une rare obscénité sous les yeux ébahis de ma Chef de Service. Pourquoi ne pas appeler le SAMU, aussi, pendant qu'on y est...

Je levai la main, comme pour rassurer les foules et dire : « Tout va bien, je contrôle »

— Non, non, s'il vous plait, ce n'est qu'un mal de tête, vous savez, je vais simplement rentrer plus tôt.

— Bon, et bien, finissons-en rapidement, alors.

Je tentai de poser mes pensées : Il ne pouvait y avoir pire situation, ça, c'était clair.

Se faire faire un Cunni d'enfer sous les yeux de sa Supérieure pendant les horaires de travail, le corps en feu et l'envie furieuse de se faire prendre là, tout de suite par un sexe d'homme, dont la fermeté n'aurait d'égal que la chaleur ressentie au fond de mon vagin et me menant au plaisir extrême.

Il était maintenant impossible que Ryan aille plus loin que ce qu'il me faisait subir en l'instant.

Je me trompais lourdement.

8. *L'orgasme insensé*

Le portable de ma Cheffe sonna, et elle se lança dans une conversation qui me permit, visage caché d'une main, de lutter de toutes mes forces contre le plaisir qui commençait sourdement à monter en moi, en profitant pour de l'autre main repousser la tête de Ryan, encastrée entre mes jambes dans une conversation des plus privée avec mon Clitoris en feu, lui intimant ainsi l'ordre d'arrêter ses outrances.

À mon immense stupéfaction, il comprit l'ordre ! Détachant sa langue de mon intimité, sa tête recula un peu, pas suffisamment pour que je referme les cuisses, mais assez pour affirmer que l'opération Cunnilingus orgasmus était terminée.

Retour de mon interlocutrice par raccrochage de son téléphone, et retour à la réalité des faits : J'étais en conversation professionnelle avec ma Chef de service.

En réunion, quoi.

Moi seulement sachant que cette dernière n'était pas faite de 2 seules personnes.

Ma Cheffe en était à « Je voulais donc votre avis sur le fait que la situation que je vous relate dans ce dossier depuis une demi-heure ne doit pas perdurer, non ? Quelle décision allez-vous prendre ? »

L'ambiguïté de son propos était tellement manifeste, ces questions s'apparentant étrangement à ce que vivait ma sexualité en ce moment, que j'ouvris la bouche, sans voix, ce qui ne changeait pas grand-chose d'ailleurs de l'échange et du dialogue que ma Cheffe tentait d'imposer cette après-midi-là.

J'eus juste le temps de lui dire que j'étais désolée, que nous pourrions reprendre cette réunion de travail à son bureau le lendemain, que c'est moi qui m'y rendrait, etc.... , et puis c'est là que cela se produisit :

Ryan introduisit son majeur dans ma Chatte, dégoulinante de mouille.

Doucement, cette infinie douceur intrusive me pénétra, arrivant en butée, le pouce s'appliquant sur mon clitoris une fois le doigt en entier positionné, calé au fond de mon sexe.

J'avais lu quelque part que la venue de l'orgasme s'apparentait à une petite mort et n'en avait pas compris le sens.

À ce moment-là, en tous cas, je crus mourir.

Sans que je ne comprenne ce qui se passe réellement, des larmes me montèrent aux yeux, là tout de suite. Je parle de mes yeux qui étaient plantés dans ceux de ma Cheffe au moment ou je l'assurais du fait que je viendrai à son bureau clore cette discussion dès demain.

Ryan retira son doigt tout aussi doucement qu'il l'avait introduit, d'un mouvement d'une douceur sans pareil, il me branlait, me masturbait, me pénétrait du doigt d'une main, et tandis que je comprenais qu'il plaçait son autre main, à plat sur mon clitoris, le caressant de gauche à droite au rythme des allers retour de son doigt dans ma Chatte, ma Cheffe mis sa main sur la table sur ce foutu dossier de merde, en me disant que si je venais d'avoir un décès dans ma famille, il était inutile de faire l'effort de venir travailler, que tout le monde l'aurait compris.

Un profond vide s'empara de mon âme tout entière, l'innommable combat que je menais depuis longtemps maintenant contre la venue du plaisir ultime, était sur le point de s'achever à mes dépens, une part de moi catastrophée, m'imaginant me voir administrer un Blâme par ma hiérarchie pour cause d'Orgasme assumé pendant les heures de service, avec pour témoin ma Supérieure directe qui pourrait alors acter du fait que je me faisais sucer le clito, et finalement doigtée sous ses yeux pendant une réunion de travail.

Je n'avais pas le contenu du règlement intérieur en tête, mais je me doutais que cette situation devait être irrégulière.

Je cachai à nouveau mon visage, les yeux révulsés, mes traits marqués par le plaisir intense qui me parcourrait pendant que Ryan faisait circuler en moi son doigt, un peu plus vite maintenant.

Une partie de mes sens, celui de l'ouïe, encore partiellement actif entendit vaguement ma Chef m'annoncer son départ ; et d'une voix triste me dire qu'elle était à ma disposition si je voulais en parler... que qui que ce fût, elle tenait à me présenter ses condoléances, qu'elle comprendrait mon absence de demain, et que... « Courage mon enfant ».

Elle ne perçut pas mes très légers mouvements de reins, de l'arrière de mon fauteuil vers l'avant, et ce fut heureux, car moi-même ne m'en rendais pas bien compte.

Mon corps allait au-devant des deux doigts que Ryan avait introduits en moi maintenant, je sentais à peine leur contact à l'intérieur tant j'avais le sexe lubrifié, mais je percevais bien la pénétration au moment ou ses doigts franchissaient l'entrée, et l'appui parfois prolongé sur la pointe de mon clitoris.

Les 5 % du sens de l'ouïe qui me restaient perçurent la fermeture de la porte de mon bureau, et je me sus enfin, si j'ose dire, seule dans mon bureau.

Les mouvements de mon corps échappèrent à ma volonté, mes mouvements de reins se faisaient plus vifs, les allées venues de Ryan en moi plus rapides, mes cuisses s'écartaient d'elles même encore davantage, je n'étais que sexe, plaisir, envie, besoin d'orgasme, je n'étais plus que cela, mon visage dans mes deux mains crispées, mon corps s'animant tout seul, les doigts du plus pervers de mes amants m'administrant la leçon de sexe la plus mémorable de tous mes moments nuancés de gris, parfois clairs, mais jamais faits d'autant de couleurs qui me lançaient tous ces Flashs dans les yeux pourtant fermés en cet instant.

Je le sentis venir, de loin, une tension de mon ventre bien plus forte que les autres, et puis toujours ces vagues, ces spasmes que l'on croit bien connaître, mais qui a chaque fois sont différents, le parcours d'une onde invisible qui s'empare de moi, me tétanise le bassin, me contracte l'entrejambe tout entier, une déflagration.

Mes jambes tremblaient de manière incontrôlable. Un plaisir liquide me ruisselait des cuisses, inondant mon fauteuil.

Était – il seulement possible que je me découvris Femme fontaine ce jour-là ?

L'Orgasme vécu était fort, plus fort que ceux produits par mes plaisirs solitaires d'antan, ceux d'avant Ryan.

Je revis cette pente imaginaire ; mes sens la gravissaient.

Je jouis de la manière la plus indécente qui soit, les jambes serrées, le corps libérant une énergie qui me dépassait, mes deux mains enserrant mon visage.

Ryan se glissa sur le côté et parvint à sortir de là sans trop me déplacer.

Il m'embrassa dans le cou, se passa un moment de silence pendant lequel s'agitait un crayon sur du papier, puis un mouvement de porte.

Il était parti.

J'ouvris les yeux, d'abord aveuglés par la lumière du jour pénétrant ma fenêtre.

Sur mon bureau, une feuille de papier blanc.

« Toi, jupe ample, haut léger. Sous vêtements proscrits. Demain, 19 h 30 heures, Centre commercial Millénis, entrée sud, centre Ville. »

9. *Épilogue d'une contrainte*

Indéfinissable.

Littéralement indéfinissable état. Voilà comment j'étais.

Une partie de moi était furieuse contre Ryan. L'autre venait de s'adonner à un moment de plaisir d'exception.

Une chose était certaine : mes idées étaient encore confuses, je n'arrivais pas à penser correctement. M'avoir fait cela était inadmissible, je me demande encore comment ma Cheffe n'a rien vu.

C'était tellement impossible, im-po-ssible !

La langue de mon amant, sur mon sexe mis à nu, pendant une réunion professionnelle. N'importe quoi.

J'étais aussi furieuse contre moi-même : mais comment suis-je incapable de contrôler tout cela ? Je venais de vivre un orgasme complètement insensé, j'avais joui dans mon bureau en présence de quelqu'un.

Je ne trouvais pas d'explication au fait que mon corps m'avait emmené tout seul en des espaces que mon esprit ne souhaitait pas.

J'avais jusque là une sexualité parfaitement contrôlée et en tirait même une certaine fierté.

J'en étais là de mes avancées hautement intellectuelles sur un sujet qui ne l'était pas du tout lorsque je réalisai l'ampleur des dégâts ; tout mon siège était mouillé, ma jupe dans un état lamentable, et lorsque je tentai de bouger seulement, ma culotte, fraichement découpée des deux cotés resta collée à mon fauteuil.

Un appel d'offres lancé à toutes les Entreprises de ma commune ne suffirait pas à réparer tout cela.

M'appuyant sur mes deux mains posées sur les accoudoirs, je soulevai mon corps encore un peu tremblant, ma culotte tomba au sol, un liquide mystérieux me coulait depuis le long des cuisses jusqu'à mes chevilles nues.

Un vrai désastre. J'eus envie de hurler « Et je fais comment, moi maintenant !!! ??? »

Ça ne pouvait plus durer. Je devais parler à Ryan. Jamais je n'avais envisagé une relation avec un homme, quelle qu'elle fût, sous l'angle exclusif du sexe.

Celui là jouait de mon corps comme jamais personne ne l'avait fait, et ça n'était pas acceptable.

Qu'il me rende une visite à mon bureau, soit.

Que ma Cheffe arrive lors de cette visite, pourquoi pas ?

Il aurait donc été normal que je présente à ma Cheffe mon ami par un truc du genre, « j'ai le plaisir de vous présenter mon ami Ryan », et autres mondanités, non ?

Au lieu de cela… Bref.

En attendant… que celui qui inventa le Sopalin soit béni des dieux, je m'en procurai et fis un ménage du mieux que je pus tout en ayant une dernière pensée pour ma petite culotte, n'en revenant encore pas qu'elle eut fini ainsi.

D'un geste machinal, l'esprit encore embrouillé, je la ramassai et la jetai négligemment dans ma corbeille à papier. Oups ! C'était vraiment la journée dû n'importe quoi ! J'imagine Christiane, notre Femme de ménage vidant la corbeille ce soir très tard et trouvant cet objet d'un délit inavouable, coupé des deux côtés… Oh la la, ça va pas du tout.

Je ne retins qu'une chose : je devais parler à Ryan.

J'avais son numéro de téléphone, il m'entendrait.

Et puis c'est quoi, cette idée de rendez-vous à l'entrée d'un Centre Commercial ? Avec des instructions vestimentaires, en plus…

Pourquoi diable n'était-il pas possible d'avoir une relation normale, du type « il m'invite au restaurant, nous passons une soirée de charme, il me raccompagne et nous ferions certainement l'amour en fin de soirée, oui, mais… dans un lit ! »

Bon, d'accord, j'admets ma mauvaise foi, il faut bien dire que j'ai allumé moi même la mèche d'une sacrée bombe en me présentant a une séance de cinéma un sex-toy à la main, et en ayant montré que j'avais joui comme une folle dans ses bras, lui m'embrassant tout en ayant son sexe au plus profond de moi, mais tout de même… les toilettes d'un cinéma, c'est une chose, mon bureau en est une autre.

Dans les deux cas, il m'avait donné du plaisir, c'est clair, et en ce moment même mon entrejambe ne peut que témoigner de cet état de fait.

Je quittai mon bureau tard ce jour-là, m'étant assurée que la plupart du personnel était déjà parti, courant à ma voiture, et rasant les murs une fois arrivée à la résidence de mon domicile, ma jupe encore trempée, le sexe à nu, ce qui lui tenait lieu de protection encore ce matin au fond de mon sac à main.

Une bonne douche me ramena à la réalité, et je me demandais encore pourquoi je n'avais pas déjà appelé Ryan pour lui dire ma façon de penser. J'avais hélas la réponse, me refusant à son bon sens : mes sens étaient encore sous l'effet du plaisir et malgré moi des images folles me traversaient la tête, des sensations encore présentes tant d'heures après.

Je n'étais assurément pas claire.

J'allumai la télé après mon diner, et me lançai dans un film sans trop d'intérêt dans l'espoir que mon attention fut captée, mais tout me ramenait à des idées sexuelles, même cette jeune nana, à l'écran, qui montait dans un train des années 60, et qui ne faisait rien d'autre que s'asseoir en face d'un inconnu simplement assis là, et qui ne faisait rien d'autre que de lire un journal...

Et bien j'étais déjà en train de me dire que c'était un salopard qui allait la violer dans le compartiment ! Truc de ouf...

Je me fis une tisane et revins à ma télé en me demandant vraiment ce qui m'arrivait depuis Ryan, c'est comme si j'avais l'entrejambe en feu de manière quasi permanente, et que ma volonté n'arrivait pas à évacuer ces idées.

J'étais peut-être malade ? Je devrais peut-être consulter ? Je souris à l'idée d'expliquer ma situation à mon médecin traitant, ami d'adolescence, qui depuis toujours me dragouille gentiment, caressant l'espoir d'un baiser qui ne lui a jamais été offert.

S'il savait où j'en étais...

Je m'endormis à moitié, devant les images de cette jeune femme calée au fond d'une banquette de train, ce voyageur en face d'elle, et au son du cadencement des roues du train de mon film sur les rails, je n'entendais plus les dialogues, mais les roues... clac clac... Clac clac... Clac clac...

Je fus prise d'une curieuse lassitude qui m'amena à un rêve bizarre bien que ne dormant pas tout à fait, fait du mélange de la présence de l'inconnu du train, des yeux de Ryan qui me suivaient partout et de l'inacceptable appel de mes sens qui me créaient en des moments les plus inopportuns de ma vie une sorte de chaleur au bas du ventre.

Il était tard, je me résolus à aller passer ma nuit, j'appellerai Ryan demain.

10. Le Fantasme devenu rêve

Je me couchai comme à mon habitude, couverte d'une simple nuisette, prête à parcourir cette nuit si chaude, et mon rêve me repris de façon languissante, me ramenant à ces sensations que mon corps appelait sans doute, tant je n'arrivais pas à me séparer du souvenir des doigts de Ryan qui avaient osé me parcourir pour la première fois il y a quelques jours seulement.

Le rêve devenait comme une réalité qui se construisait d'un de mes fantasmes d'adolescente.

Ce songe me rajeunissait d'un coup. J'étais dans ce train et réalisai que mon inconnu en face de moi m'adressait un sourire. Ouf… on était loin d'un viol.

Je n'y répondis qu'à moitié, partagée entre timidité et volonté de donner une image de moi même distante alors même que je me sentais émoustillée.

Tandis que je voulais m'assoupir simplement jusqu'à la fin du voyage, je devais maintenant simuler une sérénité que je ne vivais pas.

J'avais beau être là, calée contre la fenêtre du compartiment, jambes serrées et bras croisés, je repensais maintenant à ce que m'avait dit un jour un petit con du collège, devenu des années plus tard mon fameux médecin : que même en habits de bonne sœur, les formes de mon corps feraient bander un Âne.

Évidemment, j'étais persuadée que c'était exagéré, sauf que la réalité était toute autre, et que justement, à propos de bander, je venais, d'un coup d'œil furtif, constater une bosse pas très contractuelle au haut du pantalon de mon pervers de voisin.

Quelle horreur.

Toutes ces pensées libidineuses continuaient malgré moi à agir sur certaines parties de mon corps, cette impossibilité de contrôler ce dernier était devenue un véritable problème.

Ce foutu constat, qu'au prétexte de présence d'hormones à l'évidence en ébullition, je doive subir ces envies grotesques avait pour don de me faire vivre un avilissement contre lequel je veux désormais lutter.

De plus, lorsque ces idées me traversaient l'esprit, elles s'imposaient à moi au final, et le fait de penser à cette érection, à un mètre en face de moi, au regard de cet inconnu qui ne s'en cachait plus, et à ce début d'humidité entre mes cuisses, tout cela avait un effet des plus curieux : c'était comme une machine qui s'emballait.

Je desserrai les cuisses, aux muscles tellement tendus depuis tout à l'heure... c'est à ce moment que je ressentis la réelle moiteur de mon intimité.

Comment pouvait il être possible que le simple regard d'un homme sur moi puisse me faire mouiller ainsi ? je n'en sais rien.

J'eus envie de m'en aller et de laisser ce connard seul avec son érection de merde, mais j'avais tout de même, il est vrai, une très haute idée de ma personne, et la petite bourgeoise présente au fond de moi éleva mon orgueil au-delà de tout cela.

Après tout, ce rêve me mettait face à moi même, et je n'avais pas à partir d'ici alors que je n'étais pour rien à ces situations.

Je pris alors une attitude plus décontractée et interrompu ce regard fuyant vers le paysage qui défilait, mais que je ne regardais pas, puis je me levai, cherchant à atteindre mon sac de voyage déposé au-dessus de moi pour y prendre un magazine.

On aurait dit que c'était ce que l'homme attendait.

Il abandonna son journal pour me proposer de l'aide immédiatement, ce que j'acceptai d'une moue à peine polie.

Alors il se leva à son tour, et leva les bras pour prendre mon Sac en hauteur, tandis que je me ré asseyais.

C'est là que se produit l'incident : dans nos mouvements forcément proches, ma main lui toucha le Sexe au travers du pantalon ! Nom de Dieu ! Un contact pas si rapide que cela, car nos gestes étaient désordonnés dans cet espace restreint, et j'avais clairement ressenti la dureté de l'objet.

Jamais un Sexe d'homme ne m'avait été présenté ainsi, et là, voilà que ma main avait été au contact d'un Sexe inconnu, et en érection.

Je dus rougir instantanément, une sorte de chaleur s'emparant de moi intégralement.

Et c'est là que cet idiot ne trouva rien de mieux que de mettre un pied sur la banquette, et de s'y mettre debout afin d'atteindre mon bagage. Ainsi me trouvais-je avec l'objet de mon émoi à dix centimètres du visage, distinguant le détail de ce sexe en travers de la braguette du pantalon, et cela pendant bien une minute.

Il devait le faire exprès, ce n'est pas possible ! Une minute pour prendre un vulgaire Sac de voyage, mais que cherchait-il donc ?

Malgré moi je restai figée, les yeux fixés sur cette forme, incapable de m'en décrocher. Un Sexe dessiné sur vingt centimètres sous une étoffe de tissu.

Là ! Sous mon visage à hauteur de ma bouche.

Lorsqu'il me remit l'objet, j'étais dans un état complètement bizarre, et mon regard fuyant n'était pas du tout l'image que je souhaitais donner de moi en cet instant.

L'envie de fuir me revint tandis qu'un serrement à l'estomac me prenait le ventre. Léger, au début.

Le concept d'un objet dur, fait de chair, de chaleur et de cette sorte de fermeté que j'imaginais m'envahit.

L'inconnu s'était alors assis et me regardait ouvertement maintenant.

Prenant une pose plus détendue je fis mine de me plonger dans la lecture, ressentant le fond mouillé de ma culotte en pestant contre les réactions de mon corps, de tout mon corps, car les yeux de l'inconnu étaient maintenant clairement posés sur le dessin de ma poitrine, chacun de mes seins ayant formé ce sillon entre eux, objet de bien des fantasmes du sexe opposé.

La petite douleur de l'estomac me remonta le torse et se transmit jusqu'au bout de mes mamelons, et maintenant je sentais clairement la pointe de mes seins durcir, et leur dessin au travers du tissu fin de mon corsage dépassaient je dois bien le dire, la limite de la décence.

Je n'y tins plus, tant certaines sensations s'imposaient à moi, et étais sur le point de me lever, afin de fuir cette présence masculine, lorsque je réalisai que nous arrivions en gare.

J'admets que ce fut comme une libération, et je m'empressai d'assembler mes affaires, de m'en saisir et de me diriger vers le couloir de circulation.

Beaucoup de monde, dans ce train, et tous ces gens avaient déjà envahi la coursive, au point que j'eus des difficultés à m'insérer dans la file.

Ce ne fut pas le cas de mon voisin de compartiment qui se plaça juste derrière moi et qui se plaqua littéralement contre mon dos, poussé il est vrai par tout ce monde agité, maintenant que le train ralentissait.

Il ne s'agissait maintenant plus de mon imaginaire qui s'égarait, et je pouvais sentir très bien son membre sur le bas de mes reins.

Voilà que ce pervers était proprement en train de se branler sur le haut de mes fesses en profitant d'une cohue qui le servait bien.

Je pouvais sentir la dureté de son sexe qu'il faisait circuler entre mes fesses au travers de ma jupe et je me dis que cela était vraiment insupportable. Aussi d'un mouvement de main tentai-je de le repousser sans me retourner.

Plus petite que lui, ma main se plaqua quelque part sur son ventre, et je poussai autant que je pus.

Quelle ne fut pas ma surprise quand je compris qu'il se saisit de ma main et la déplaça directement sur son membre que je sentis être d'une dureté incroyable ! Je n'arrivais même pas à dégager ma main qu'il tenait dans la sienne, la frottant sur son sexe et enserrant celui-ci de mes doigts.

Je crus devenir folle, et étais complètement interdite, à la fois de surprise, et aussi je dois dire, de l'impression que cela déclenchait en moi.

Comment une situation aussi scandaleuse pouvait-elle créer chez moi du désir à ce point ? Je me voulais révoltée, et mon corps aimait cela, comme deux entités se battant l'une contre l'autre, mon esprit prude regrettant que je sois incapable de crier au scandale, et mon entrejambe mouillé de désir et d'envie de pénétration.

Il finit par me lâcher, mais la suite fut plus terrible encore.

À l'intérieur même du train se trouvait une marche à franchir se trouvant au niveau des essieux, avant d'atteindre la plate forme près des portes, tout cet espace étant bourré de monde. Ainsi dus-je m'y placer et me trouver un peu au-dessus de mon bourreau, lui tournant toujours le dos dans une ambiance d'arrivée de train en gare faite de brouhaha, de légère bousculade et de bruits venant de toutes part.

Il fit alors glisser sa main depuis l'arrière de ma cuisse gauche, tout doucement jusqu'au haut de mon entrejambe. Ce contact fut pour moi comme une déflagration et je serrai mes cuisses l'une contre l'autre très fort. Mais l'attente fut plus longue que je n'espérais, et je dus me relâcher.

C'est là qu'il remonta encore sa main jusqu'à atteindre ma culotte qui à ce stade était trempée, et je ressentis une honte sans borne lorsque ses doigts me touchèrent la vulve au travers du coton de mon sous-vêtement mouillé.

Je me sentis un instant vaciller lorsque sa caresse s'appuya et qu'il écarta le tissu pour insérer son doigt avec une précision diabolique jusqu'à passer au-devant de mon sexe, bloquant l'écartement de mes cuisses de son poing.

De son majeur, il caressait maintenant mon clitoris que je sentais comme une pointe avide de sensation sous son doigt. Je me mordis les lèvres jusqu'au sang lorsque les passages de son doigt s'accélérèrent, aidés de ma cyprine abondante qui l'aida à s'insérer doucement en moi, sans brutalité.

Je crus mourir en cet instant.

Les va et viens de ses doigts sur mon clitoris, alternant avec leur passage dans ma plus profonde intimité m'amenèrent à la limite d'un orgasme dont il était hors de question qu'il se manifesta.

Le train stoppa enfin, la foule tassée s'agita et je sentis le retrait rapide de ce doigt inquisiteur.

Je trouvai le courage de me retourner dans le but d'assener un regard vengeur, mais dans la bousculade de descente du train, c'est à peine si je pus voir la silhouette de cet homme s'en aller d'un pas pressant.

Je n'étais que honte de la tête aux pieds.

Humiliée de ce plaisir imposé par la dictature de mes sens dont je n'avais su assurer aucun contrôle.

Moi, m'être faite doigtée par un inconnu dans un Train !

Cette idée me répugnait autant que le plaisir qui venait de m'être ordonné.

Nom de Dieu !

Mon réveil fut brutal, choquant et violent.

Un rappel à la réalité sans progression. Net.

Je me retrouvai là, sur mon séant, dans le noir de cette chambre, le corps en transe, complètement trempée du visage jusqu'aux pieds. Trempée de... sueur avec un mal au ventre, terrible.

Je plaçai ma main entre mes jambes, j'avais le sexe mouillé, lui aussi, et ce n'était pas de la transpiration.

Je dus rester ainsi cinq à dix minutes, hagarde, ramollie par ce rêve qui m'avait amené à une extase confinant à la violence.

C'était complètement fou.

Il me fallait de l'eau fraiche.

Je regardai rapidement l'heure… Trois heures du matin. !

Ryan me rendait folle, c'était maintenant certain.

11. Préliminaires à l'impensable

a journée de travail du lendemain s'écoula d'une manière morne. J'étais bien obligée d'admettre que les couleurs de ma vie avaient changé.

Il y avait désormais le monde « normal » fait de nuances de gris, dont je participais à l'agitation, et puis une autre zone, faite de secrets impossibles à partager, construits de griseries érotiques.

Je n'en avais d'ailleurs nulle envie, et à la réflexion cela m'étonnait.

Ma vie sociale était ben rodée depuis longtemps, équilibrée et ponctuée de contacts avec mes amies aux profils de vie différents du mien.

Parmi elles il en était avec qui je partageais tout. Pourtant ces aventures récentes, ma rencontre avec Ryan dont je n'arrivais encore pas à définir très bien le sens, hormis que le moins que l'on puisse dire est que nos échanges étaient à connotations sexuelles, eh bien non seulement, je le gardais pour moi, mais cela n'était même pas voulu, ça n'était pas un secret en tant que tel, mais vraiment une planète à part où il n'existait en mon esprit que lui et moi, et très accessoirement le reste de l'univers.

C'était inconscient au début, mais devenu ma réalité du moment, je l'analysais comme telle.

Je l'avais appelé, pendant la matinée.

C'était incroyable combien, au travers de nos conversations les plus banales, j'arrivais à être mise en confiance et me sentais sereine à leur terme.

Lorsque j'attaquai le sujet de son mot resté sur la table, me donnant un rendez-vous sans sous-vêtement en un lieu public, lui expliquant qu'il en était hors de question, il ne demanda pas pourquoi, mais, sur le même ton qu'il m'avait dit « Tu mouilles », lors de notre première... euh... rencontre : il me dit « Tu viendras »

À l'évocation de son passage ô combien remarqué à mon bureau de la veille sans prévenir, il ne chercha ni à s'en défendre, ni même à la commenter !

Il me laissait parler, lui dire que cela était inadmissible, que me découper mes sous-vets, et me faire subir un orgasme contre mon gré était d'une indécence insupportable. Mon monologue fut tel que je croyais à un moment qu'il avait raccroché.

Il ponctua le sujet par une seule question : « Y as-tu pris du plaisir » ?

Cette question toute simple était pourtant lourde de sens, voire de conséquences.

Il savait que c'était évident, mais me faire verbaliser cela m'obligeait, de facto, à admettre un parfum de soumission, une sorte d'allégeance, mais vis-à-vis de qui ? De quoi ?

Était-ce une dépendance au Sexe, ou déjà à lui ?

Je savais combien j'étais capable de gérer mes désirs sexuels, moi, célibataire maintenant endurcie, et une quelconque dépendance au Sexe chez moi était inexistante.

Que m'avait-il donc fait ce soir au cinéma où pendant ces 2 secondes et demie, mes yeux bleus se sont plantés dans ses yeux marron clair en me retournant ?

La moindre conversation avec Ryan vous obligeait si vous n'y preniez pas garde à un fonctionnement rapide des neurones, il pouvait parler beaucoup sous forme de monologue, comme s'il était toujours certain d'être écouté, se servant de sa voix, grave, de son ton posé.

Dans ce cas de figure, il devenait Kaa, et vous endormait littéralement, tant dans nulle autre situation vécue de ma part l'expression « musique de sa voix » n'était autant applicable. J'aimais sa voix, suave et faite de notes impossibles à placer sur une portée musicale.

Mais au jeu du dialogue, il était redoutable, ayant cette capacité d'écoute au terme de laquelle il plaçait simplement 4 ou 5 mots, qui suffisaient, au pire, à remettre en question tout ce que vous venez de dire, au mieux à vous planter net dans vos certitudes, comme un bug.

En tous les cas, le mot était lâché : « Soumission ». L'idée me fit un peu peur. J'étais à moi seule beaucoup de choses dans la vie et peut être bien plus encore par le monde nouveau que me faisait découvrir Ryan, mais « soumise », certainement pas.

Après tout, il n'y a eu que cette fois-là, à mon bureau ou je n'ai pas été capable de stopper ses... comment dire... « avances ». La séquence Toilettes du cinéma comptait-elle vraiment à ce chapitre ? Non je n'étais en rien soumise.

Et pourtant, Ryan avait détecté quelque chose. Suffisamment pour se présenter à mon bureau et m'imposer un cunni dans des conditions innommables. Il savait avant de venir que je ne m'opposerais pas à son baiser, ni au fait qu'il le pratique la main plaquée à mon sexe, en ayant relevé ma jupe sans hésiter.

Je lui dis clairement que je ne savais pas si je viendrai à son rendez-vous, et encore moins sans culotte pour aller dans un Restaurant de galerie Commerciale à Millénis, pensant terminer ainsi notre conversation téléphonique. Ce à quoi il répondit très calmement que je viendrai, sans culotte, et qu'il ne se souvenait pas avoir parlé de Restaurant.

Et là il raccrocha.

Il est évident que ma curiosité était piquée au vif, moi je m'imaginais un truc très cool, rdv 19 h, restau, balade et plus si affinité, et voilà qu'il semble que ce soit un programme différent.

Millénis était un Centre commercial immense, un peu classé « luxe » emplit de boutiques et de Restaurants très classe à l'étage, il comptait faire quoi, de moi ?

La soirée arriva vite et je me rendis à son rendez-vous, habillée normalement, et bien effectivement armée de mon délicat soutien-gorge blanc sans bretelles, culotte associée, un chemisier clair laissant bien transparaitre l'objet du non-délit et ma jupe très classique. J'avais enfilé mes pieds nus dans ces chaussures ouvertes devant, aux lacets croisés me remontant jusqu'à mi-jambe et faisant bel effet.

Je vis Ryan dès mon arrivée. Il me prit dans ses bras, là, devant tout le monde en un lieu passant, et m'embrassa, me caressant les flancs de ses mains chaudes.

Sa main glissa dans la mienne, et nous entrâmes, donnant l'image d'un couple amoureux.

Nous marchions calmement et nous arrêtions parfois devant certaines vitrines, vêtements, bijouteries, chaussures, Ryan me demandait souvent ce qui me plaisait, et disait vouloir connaître mes gouts, se disait heureux d'être avec moi.

Il m'entraina dans une boutique un peu plus particulière, du genre antiquités, meubles bois décorés, déco-maison. On y découvrait des Coffres anciens, des miroirs, cadres travaillés, en ambiance feutrée, légère et douce musique d'ambiance, ancienne, elle aussi qui me rappela le générique de Bilitis, l'ensemble dans une agréable odeur de cuir.

Un vendeur, parmi les trois hommes présents dans le magasin nous accueilli, auquel Ryan expliqua que nous souhaitions seulement visiter, regarder.

L'espace était assez grand, une fois entrés, fait de recoins intimistes, présentant ici des décorations marines, là du mobilier fait de Bois travaillé.

Je portai mon intérêt sans trop savoir pourquoi sur un espace un peu reculé où étaient présentés des objets en cuir à thématique « équitation ». C'était uniquement des objets de décoration, Selle de cheval en format réduit, des cravaches et rênes, lanières diverses en très beau cuir.

Ignorant la présence, un peu éloignée il est vrai, du Responsable de l'échoppe, Ryan s'approcha de moi par derrière, plaça ses mains a ma taille et les fit remonter sur ma peau sous le tissu. C'était une caresse très douce qu'il orienta ensuite vers mon dos, et se heurtant à mon attache de soutiens-gorges, entreprit de la défaire en toute simplicité.

Surprise, je me retournai rapidement. Ryan ne déplaçant pas ses mains, mais relâchant simplement leur pression sur mon corps, cela eut pour conséquence de faire glisser ses doigts entre mon soutien-gorge et mes seins, qu'il saisit à pleine main.

Le contact de ses doigts sur mes mamelons me fit fermer les yeux, une sensation de plaisir immédiat m'irradiant la poitrine.

Ses avant-bras relevèrent le devant de mon chemisier, m'ôtant en une seconde de temps ce soutien-gorge censé marquer partiellement mon opposition à un certain respect de ses instructions écrites.

L'objet, du délit cette fois-ci, fut déposé sur une malle en bois juste derrière moi tandis que Ryan entreprit un baiser accompagné de caresses sur mes seins qui me chavirèrent.

Nos langues s'enroulèrent, ses lèvres sur les miennes, ses mains me parcourant le buste, l'une se saisissant de mon bout de sein gauche, tandis que l'autre me caressait la nuque, les lèvres de Ryan m'embrassaient maintenant le cou, renversant ma tête en arrière.

Étourdie, et luttant pour ne pas m'affaler sur cette banquette en magnifique cuir rouge, je me rendis à peine compte qu'il se détachait légèrement de moi, reculant même de deux pas.

J'ouvris les yeux et le vis, mon soutien-gorge blanc à la main, se détachant dans cette ambiance un peu sombre. Il me regardait, l'air contemplatif.

J'ouvris la bouche, m'apprêtant à réclamer ce qu'il tenait à la main, mon chemisier transparent ne laissant plus maintenant transparaitre un sous-tif vengeur, mais bien ma poitrine, et ses pointes érigées.

Ryan leva un doigt, ses yeux dans les miens, me laissant interdite, bouche ouverte.

Il dit seulement : « Ta culotte »

J'étais là, bras ballants, ma poitrine pratiquement mise à nu, les mamelons saillants de l'excitation ressentie 1 minute avant, le regard porté vers Ryan, et en arrière de lui, à quatre ou cinq mètres, les deux vendeurs qui conversaient, le patron pas loin de son comptoir, à l'entrée.

Ryan ! Donne-moi ça ! Dis-je à voix basse, mais d'un ton impératif.

« Ta culotte, répondit-il

— Il n'en est pas question ! Donne-moi ce soutien-gorge !

— Ta culotte. Ou alors je dépose ce sous-tif sur le comptoir du Gérant.

Un des vendeurs tourna la tête vers nous. Il ne pouvait entendre, mais s'attachait simplement à l'intérêt des clients que nous étions pour ses objets.

— Ryan, steuplé, steuplé, arrête, il y a du monde, là, suppliai-je

— Ta culotte.

J'étais outrée. Il ne plaisantait pas.

Je reculai d'un pas, bloquée par cette banquette façon 16e siècle, et commençai à me tortiller.

Bon... après tout, cette culotte, son absence ne se verrait pas, mais je ne pouvais sortir comme cela, la poitrine quasiment nue.

Je relevai ma jupe, des deux mains me saisit de la taille de cette culotte et entrepris de la faire descendre.

Arrivée à mes chevilles, et levant un pied, le regard fixé sur Ryan, je le vis se saisir d'un objet long que je distinguais mal dans la pénombre.

C'est ce moment que choisit le patron pour venir vers nous, sourire commercial aux lèvres, et s'inquiétant d'un enthousiaste « Puis je vous conseiller » ?

À un mètre de Ryan qui lui tournait le dos, il s'arrêta net, me voyant penchée en avant, la poitrine nue bien visible, finissant d'ôter mon accessoire intime, bref, la culotte à la main, quoi.

Ryan avait déposé mon soutif sur son épaule, une cravache équestre à la main, le visage radieux, me déshabillant du regard.

.

12. Châtiée

vec le même sourire, sans me lâcher du regard, Ryan répondit que « Oui, il avait besoin d'un conseil, plutôt un renseignement »

À ce moment, j'étais debout face à ces deux hommes, les seins pointant comme deux obus au travers de mon chemisier transparent, ma culotte à la main gauche, la main droite effleurant du bout des doigts le dessus de la banquette rouge.

Je refermai très vite ma main sur mon étoffe voulant cacher ce que je tenais en main.

Le visage du Gérant était impassible. D'abord interdit, il se reprit et donna à son visage un air sans expression, le regard fixé sur ma poitrine.

Ryan planta sa voix calme dans le décor et prit un ton n'appelant aucune contestation.

— Montre au Monsieur ce que tu tiens à la main.

Un sentiment bizarre s'empara de tout mon être. Une partie de moi était enveloppée d'un parfum de honte, prise en faute comme le serait une petite fille, mais l'autre partie se devait de satisfaire la demande de celui qui était devenu mon Homme.

En cela, je ne me donnais pas d'autre choix que d'obéir. Il n'empêche que la Honte dominait en cet instant.

J'ouvris la main, ne retenant ma culotte que par un petit bout de tissu.

Il y eut des secondes de silence et je me rendis compte que la musique de fond s'était arrêtée.

Ryan entama alors un dialogue surréaliste avec le Gérant.

« — Je crois qu'une cliente se démettant de sa culotte, et de surcroit constatée visiblement sans aucun sous-vêtement est une situation qui n'est pas acceptable dans un Établissement de qualité tel que le vôtre, qu'en pensez-vous... Monsieur... ?

— "George, Monsieur, appelez-moi simplement Georges.

— Je suis par conséquent certain que cette personne mérite, comment dire... une punition.

— Euh... Le Client est Roi en cet endroit, cher Monsieur.

— Puisqu'il en est ainsi, je crois mon cher Georges, qu'il est l'heure de fermer votre Échoppe.

— Échoppe dite vous ? Cette officine est plus grande qu'il n'y paraît, et comporte même des endroits quelque peu... secrets, savez-vous ? Cela dit, oui. Je pense aussi que nous devrions fermer.

Dois-je libérer le personnel ?

— Non, Georges. Le personnel peut dans l'application de certaines punitions être très utile. Je dirai même... indispensable.

Mais dites-moi, ce Personnel... quel est-il ?

— et bien... En plus de notre jeune comptable, les Messieurs que vous voyez là sont tout à votre service, et sous mes ordres.

— Je crois qu'il convient donc de fermer votre rideau et d'informer votre Personnel des heures supplémentaires qui, hélas, s'annoncent »

J'étais là, complètement médusée, mon regard allant de l'un à l'autre, comme les spectateurs le font à un Match de tennis. Ils parlaient de qui, là ? Et c'était quoi, ce dialogue d'un autre temps ? On était sur quelle planète ?

Là-dessus, Georges s'en alla, Ryan ne me quittait pas des yeux.

J'entendis un bruit de rideau métallique fermant la Boutique, des bruits de voix, comme chuchotées, puis la circulation d'un des Vendeurs, jetant un coup d'œil rapide vers moi, mais ne s'arrêtant pas, Georges demandant à l'autre Commis de demander la présence de « Aline » dont je compris que c'était la jeune comptable.

Toute une animation soudaine se créait, comme une mise en place de scène dont j'étais spectatrice.

Puis a nouveau le calme, et aussi le retour de cette musique douce, très légèrement audible.

Je compris que la boutique était maintenant fermée, complètement isolée de la galerie commerciale ou à cette heure-ci encore, quelques personnes circulaient, non plus pour leurs achats, mais plutôt pour les restaurants de Millénis. Je compris aussi qu'en fait de spectatrice regardant la scène, c'était exactement l'inverse qui se mettait en place : un spectacle dont je devenais le centre, devant des témoins aux yeux experts.

Georges revint, il était avec deux hommes au physique de séducteurs, costumes sombres, l'air très distingué.

Je fis un pas en avant. En une fraction de seconde, Ryan éleva la cravache qu'il tenait à la main, et en déposa l'extrémité sur le haut de ma poitrine, m'intimant de me tenir à distance.

En cet instant il n'était plus l'Amant, plutôt un Maitre ordonnateur, celui qui dirige.

Une nouvelle fois, je fus interdite, immobilisée.

« Retourne-toi et ne bouge plus », me dit Ryan d'un ton que je ne lui connaissais pas encore.

Était-ce le fait de me retrouver dans cette situation, comme un peu fautive, cet accessoire à la main, je n'imaginai pas une seconde la moindre opposition.

J'eus seulement le temps de voir arriver la Comptable, une grande Asiatique aux longs cheveux noirs et au physique incendiaire. Rien à voir avec les petites Chinoises un rien soumises que notre imaginaire renvoie bien souvent.

Aline était habillée courte et la vision rapide du haut de son buste ne laissait planer aucun doute sur l'existence d'une poitrine bien faite.

Je me retournai vers la droite. Sans doute pas assez vite au gout de Ryan.

Une fois mon quart de tour fait, la cravache claqua sur ma fesse provoquant une douleur cinglante, seulement tempérée par l'épaisseur du tissu de ma jupe. J'arrêtai net mon mouvement et lança un regard de feu à Ryan.

Je n'eus même pas le temps d'accrocher ses yeux que la cravache s'abattit, plus fort cette fois, et au même endroit. Je sentis le contact violent du cuir sur ma fesse, et d'instinct, fit allégeance, la honte me monta aux yeux, sachant les regards de ce groupe d'hommes et de cette femme déposés sur moi.

Me voilà donc tournant le dos à ces hommes, toujours ma culotte à la main et commençant à me demander comment Ryan allait arrêter cela.

Le dialogue, toujours empreint de surréalisme repris.

« — Il semble que la Punie s'oppose, Monsieur, s'enquit Georges

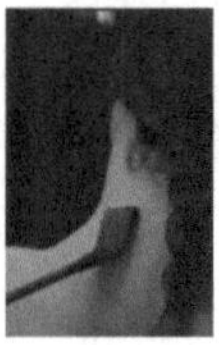

— Voyez-vous, Georges, telle une jument rebelle, cette Punie se doit d'être dressée, et je peux vous l'affirmer, ce corps que vous voyez là, en quête de plaisir jouira sous la réprimande, et réclamera le châtiment. »

Terminant sa phrase, Ryan plaça l'extrémité de sa cravache à l'intérieur de mon genou gauche avec une infinie douceur, et la fit remonter très doucement.

Cette caresse contrastait infiniment avec la douleur de la minute d'avant.

L'effet produit était curieux, un peu comme s'il y avait démultiplication de la douceur ressentie par le contact doux du cuir, qui en un instant, pouvait alterner douleur et plaisir.

La cravache remontait encore, et avec elle ma jupe, son extrémité atteignant maintenant la moitié de la hauteur de ma cuisse.

L'endroit est sensible, fragile, et délicat. Le bas de mon ventre se manifesta, me chuchotant que la sensation était agréable.

Puis la cravache fut prise d'un mouvement de gauche à droite, d'abord léger, puis franchement plus ferme, plus fort. L'intérieur de mes cuisses était frappé, m'intimant l'ordre de les écarter l'une de l'autre. Je le fis, déplaçant un pied d'environ dix centimètres sur le côté.

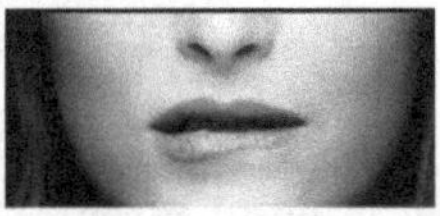

Clac clac ! En deux coups secs frappés avec l'extrémité plate sur l'intérieur de chacune de mes cuisses, je compris que ça n'était pas assez.

L'instant d'après, soixante bons centimètres séparaient maintenant mes deux pieds.

Puis la cravache redevint tendre amie et poursuivit sa lente progression vers mon entrejambe.

La position, jambes écartées, les mains ballantes, n'était pas très stable. Je dus me pencher un peu en avant, m'appuyant sur le mur en face de moi des deux mains.

Cela eu pour effet de me cambrer et de placer mes fesses en arrière, facilitant d'une certaine manière la progression de l'instrument qui ne s'en priva pas, me caressant l'intérieur de la cuisse, tout en haut, à quelques centimètres seulement de mon sexe complètement mis à nu.

Ryan maniait son outil avec une dextérité redoutable. Tandis que jusqu'ici, c'était son extrémité plate qui se manifestait, il l'avança un peu, usant maintenant de la section ronde de l'instrument.

Il le fit rouler dans sa main, retransmettant ce mouvement à l'extrémité placée entre mes jambes, et positionna la cravache exactement dans l'axe de ma fente qui, au contact établi, me fit sentir à quel point l'endroit était alors doté d'une hygrométrie bien au-delà de ce qu'avait annoncé la Météo au journal du matin.

La cravache maintenant se mettait à circuler d'avant en arrière d'un mouvement d'abord lent, puis un peu plus rapide ensuite.

Malgré moi, mon corps se cambra, accentuant le contact de mon clitoris avec le cuir et enflammant le bas de mon ventre qui se prit d'un mouvement de balancier d'avant en arrière. Mes mains posées au mur, ma tête penchée en avant, je voyais mes seins, aux mouvements devenus indépendants, se projetant en avant, retenus en arrière

sous le regard de ces inconnus, mon corps s'adonnait au plaisir. C'était indécent, parfaitement déplacé et complètement licencieux.

J'avais maintenant le sexe mouillé, encore caché par ma jupe, le clitoris en feu, l'esprit un peu en bataille.

Ryan ralentit le mouvement jusqu'à s'arrêter, fit encore tourner la cravache entre ses doigts, puis la tirant un peu à lui plaqua son extrémité plate à mon clitoris. Mes cuisses s'écartèrent naturellement, ne s'attendant nullement au déplacement de l'outil vers le bas, se détachant complètement de moi.

Je ne me souviens pas avoir une seule fois dans ma vie, ressenti ce qui suivit.

D'un coup sec, Ryan claqua avec force le plat de son outil directement sur mon clitoris, tendu, excité et sorti de son capuchon naturel.

Le coup était net, le contact fulgurant, la sensation me remontant au cerveau instantanément, un cri sortant du plus profond de moi m'échappant complètement, le tout déclenchant un tremblement incontrôlé de mes jambes dont je ne savais pas si elles me supporteraient encore.

Encore aujourd'hui je suis incapable de dire qu'il s'agissait vraiment d'une douleur.

Le coup une fois porté, l'instrument resta plaqué bien à plat sur mon centre de plaisir, le caressant en pression de manière rotative, et générant une rivière de cyprine qui commençait à couler le long de mon entrejambe.

Me yeux formèrent des larmes.

Ce que d'aucuns auraient qualifié de formidable douleur n'était pas que cela, c'était une sensation brutale, certes, mais qui m'irradia tout le bas ventre d'un bien-être indéfinissable.

Tremblant encore, je sentis la cravache se retirer, glisser entre mes jambes, se lubrifier complètement de ma mouille abondante puis remonter, se couler entre mes fesses et caresser au passage mon anus en coulissant.

Rompant le contact avec mon corps elle souleva complètement le bord arrière de ma jupe la remontant sur le bas de mon dos.

Ryan « essuya » l'extrémité plate de la cravache sur mes fesses, complètement nues à la face de tous, et luisantes de mon liquide de plaisir.

Je soufflais comme si je revenais de mon jogging matinal.

J'entendis Ryan commenter.

« Que pensez-vous chère Aline des effets produits par ces prémices ? »

Prémices ? Comment ça « Prémices » ? N'en était ce pas assez ? C'est quoi, ça « Prémices » ?

Aline répondit qu'elle regrettait de n'être pas Maitresse d'œuvre, que la Punie méritait plus grave châtiment, et que cette culotte coupable, encore aux mains de l'accusée était la preuve même de la nécessité d'administrer une vraie correction.

Elle est gonflée, celle-là !

Georges s'invita aux Commentaires.

« — Monsieur me disait en préambule à ces... prémices, qu'il souhaitait... un renseignement, je crois ?

— Oui, cher ami. Je suis en quête depuis longtemps d'un objet dont seule ma Punie peut estimer être digne.

Je recherche, voyez-vous, une Croix de Saint-André, mais d'un type tout à fait particulier. »

Je n'avais jamais entendu parler de cette sorte de croix et me disait que c'était sans doute un bijou, une croix, un pendentif, et m'étonnais que Ryan puisse passer à un sujet aussi différent que celui qui venait malgré moi de m'amener à la découverte de sensations inconnues de mon corps, une sorte d'approche de l'orgasme générée par la douleur, un truc de fou, qui ne m'avait jamais traversé l'esprit, dont j'aurais affirmé que ce fut impossible voilà seulement une heure.

En attendant j'étais là, comme en suspension, appuyée contre le mur, les jambes flageolantes, à moitié nue, présentant mes fesses bien en vue à des regards intéressés, les jambes écartées et le sexe ouvert, l'intérieur des cuisses dégoulinant de mouille, et l'esprit perturbé par des envies de pénétrations, un désir de contact d'un sexe d'homme, chaud et dur en moi, et à ce stade, peu m'importait d'être regardée ou pas.

Ryan m'avait mise dans un état indescriptible.

Un des Commis pris la parole :

« — Monsieur Georges, me permettez-vous de présenter notre dernière création, vous savez, celle très confidentielle qui nous a été commandée par cet Émir de Dubaï dont nous avons instruction de taire le nom ? »

Un silence se fut.

« — Vraiment, vous pensez que ce serait opportun ? répondit Georges.

— En tous les cas, ce serait une sorte de banc d'essai sans précédent.

— Vous êtes conscient que cette situation nous amène à faire état de l'existence de notre pièce secrète ?

— Elle n'est déjà plus secrète, Monsieur, vu que nous venons d'en parler, et puis... la Punie du jour semble être d'une qualité exceptionnelle, vous ne trouvez pas ? »

Ryan se rapprocha de moi.

Il me prit dans ses bras, puis ma tête entre ses mains, il m'embrassa.

Je me sentis ensuite soulevée de terre, allongée dans ses bras puissants.

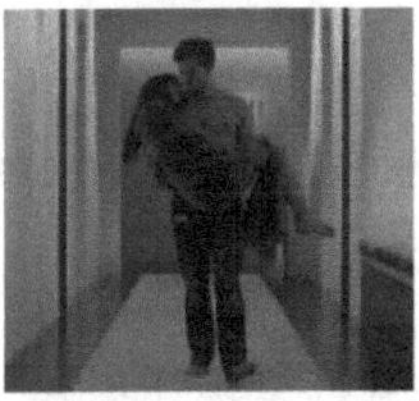

« — Messieurs l'heure n'est plus aux conciliabules. Je vous suis. »

Le petit groupe se déplaça donc, nous descendîmes un petit escalier, arrivant à une porte dont il fallut attendre l'ouverture, Georges se munissant fébrilement d'un trousseau de clés.

J'étais un peu dans les vapes.

Une lumière fut allumée, pas très forte.

Ryan me déposa dans un grand fauteuil qui était là, me tendant les bras, pas encore vraiment capable de me tenir debout, en l'état.

J'ouvris les yeux vraiment, pour voir, dans un coin de la pièce, un objet incroyable.

Fait de deux poutres de bois épaisses verticales parallèles, et accolées l'une à l'autre, il faisait au moins trois mètres de haut.

Disposé sur une sorte de socle muni de grosses roulettes, ce truc pouvait se déplacer.

Les commis se chargèrent d'ailleurs de mettre l'ensemble au milieu de la pièce, et sous l'œil littéralement captivé de Ryan, Georges expliqua, après s'être déplacé face à l'Objet :

« — À ce stade, voyez-vous, notre Création n'est pas en situation.

La soumise doit être placée debout ici... les deux bras étendus vers le haut, totalement longiligne.

C'est alors seulement qu'a l'aide de ces lanières, elle est attachée aux chevilles, aux poignets, à la taille, aussi, plaquée donc aux deux poutres parallèles.

Georges se déplaça sur le côté de la Machine.

— Ici, vous voyez deux manivelles actionnant chacune deux mécanismes : l'une transformant ces deux poutres parallèles en croix progressivement selon la position que vous souhaitez, plus ou moins ouverte, réglage à votre volonté.

— Puis l'autre manivelle inclinant l'ensemble qui est actuellement vertical, en position horizontale, tout cela progressivement, selon les mouvements rotatifs que vous donnez a cette manivelle.

— Et ce petit levier, s'enquit Ryan ?

— Ceci est le réglage en hauteur, Monsieur. La Punie, une fois mise en croix grâce au réglage dont je vous parlais tout à l'heure, et puis mise à l'horizontale, vous avez ainsi tout le loisir de la prendre à votre gré en vous plaçant ici, entre ses jambes écartées à souhait. »

J'étais en train d'ajouter à mon vocabulaire un nom commun dont l'usage dépassait tout ce que mon imagination n'avait encore jamais produit de plus furieux :

La Croix de Saint-André.

13. La Mise aux enchères

« Le loisir de la prendre à votre gré » ils parlaient de quoi ?

Honnêtement, je ne comprenais ni le sens de cette mécanique, et encore moins ce qu'il fallait prendre à son gré. J'étais encore il est vrai un peu étourdie, l'entrejambe toujours sous l'effet de cette claque de cuir reçue il y a quelques minutes.

Très stylé, l'un des commis s'approcha de moi et me proposa à boire.

Je réalisai que j'avais une grosse soif et le lui dis.

En quelques secondes, sortie d'on ne sait où, il me fut servi une coupe de champagne ainsi qu'a l'assemblée

« On » m'avait déposée sur ce fauteuil, comme un objet, et toute l'attention de ces personnes était maintenant portée sur cette Croix de Saint-André dont j'avais bien compris qu'il s'agissait d'un modèle spécial.

Le petit comité composé de Georges et ses deux acolytes présentait à Ryan cet objet fabriqué pour le compte d'un Émir, c'est bien ce que j'avais entendu. Mes yeux s'habituant à la luminosité ambiante, je pouvais maintenant distinguer certains détails de fabrication, telles les lanières de cuir en bas, et en haut, les boucles les terminant, et… comme des pierres précieuses ornant les profils des barres de bois, encore parallèles.

Ces barres dont il avait été dit qu'elles pouvaient se mettre en croix sous l'action d'une manivelle étaient recouvertes de mousse luxueusement recouverte d'une magnifique sellerie rouge vif.

L'idée qu'il fut confortable de s'y adosser me traversa.

Affalée sur ce fauteuil, le lancinant et très léger tourment me venant du haut des cuisses se faisait toujours présent, et sans y penser vraiment, je plaçai la main sous ma jupe, sur mon sexe, là où demeurait la sensation de cette caresse rotative de tout à l'heure, pivotant un peu l'axe de mon corps vers la droite, par un réflexe de pudeur, ridicule sans doute compte tenu de la séance précédente, pour ne pas être vue de ces messieurs en conversations au milieu de la pièce

Le passage du cuir passant sur mon petit bout sensible avait laissé sa marque, et du bout de mes doigts, rencontrant l'entour de mon clitoris encore lubrifié, je prolongeai le contact, posant mes phalanges dessus, la paume de ma main placée sur le bas de mon ventre, et alternant lentement le passage de mon majeur de gauche à droite, faisant sauter mon bouton de plaisir à chaque fois tant il était resté dur.

Le bas du corps dissimulé par l'accoudoir assez haut du fauteuil, je m'adonnai à une lente masturbation, écartant les cuisses et relevant un peu ma jupe, sûre de ma relative discrétion

Je maintenais, sans trop savoir pourquoi d'ailleurs, une excitation sexuelle constante, par plaisir certainement, par vice sans nul doute. J'en étais là de mon état contemplatif lorsqu'il me vint à l'esprit l'absence de Aline et la cherchais des yeux.

La pièce, toujours faiblement éclairée, laissait voir difficilement certains recoins et zones, c'est pour cela que je ne la vis pas tout de suite.

En fait, je sursautai, car Aline était en face de moi.

Assise, elle aussi dans un fauteuil identique au mien parmi une dizaine d'autres disposés en arc de cercle face à la Croix de Saint-André, elle était rendue quasiment invisible par l'assombrissement de cette partie de la pièce.

Elle aussi en état contemplatif, mais d'un tout autre ordre.

Cela faisait plus de 20 minutes qu'elle me regardait fixement me caresser de la manière la plus indécente qui soit, parfaitement dans mon axe, les yeux rivés sur mes cuisses nues, ses deux longues mains déposées bien à plat sur les accoudoirs, les jambes croisées.

Jamais une Femme ne m'avait regardée comme cela. Une impression nouvelle flotta, j'avais vraiment l'impression d'être sur une autre planète, dans une autre atmosphère, depuis quelques heures.

Mon réflexe ne fut pas de rabattre ma jupe. Le champagne commençait à m'élever du sol lentement, et je renversai ma tête un peu en arrière, mes cuisses s'ouvrant un peu plus largement, mon index se mit à dessiner de larges arabesques autour de mon sexe mouillé

L'environnement de Ryan, sa présence, me faisait faire, accepter et prendre plaisir à des choses qui apparaissaient de façon inédite dans ma vie. Cette réflexion me pénétra, et me ramena à sa voix, aux échanges verbaux en cours

De surréaliste, le dialogue devenait carrément ahurissant.

« — Et, dites-moi, Georges, cela me coutera combien ? »

— Monsieur parle de quoi exactement ? Cette réalisation n'est pas à vendre, je vous l'ai dit.

— Ce que je vous propose Georges, c'est d'expérimenter votre Croix de Saint-André dans des conditions réelles. Si vous y songez, cela vous permettrait même d'y apporter des améliorations, qui sait ? Vous pourriez accepter de m'en louer l'usage, je vous confierai mes conclusions. »

Georges se dandinait sur un pied, le menton tenu entre deux doigts.

Il prit la parole :

« — Votre Punie, Monsieur est d'une qualité exceptionnelle, je dois en convenir. Je vous avouerai mon émoi devant sa croupe il y a quelque instant, lorsque la cambrure de ses reins mettant en valeur ses fesses aux formes tout simplement parfaites, on pouvait voir ses cuisses sur lesquelles ruisselait son liquide de plaisir.

L'idée d'en faire l'actrice principale de cette soirée est plus que séduisante. C'est pour cela que je vous concède qu'il y a matière à négocier.

— Et ? s'enquit Ryan

— Et ma fibre commerçante me dit que contre la somme de mille euros, j'accepterai de vous laisser l'usage de cette Croix pour la soirée. »

Mes neurones malmenés par le champagne dont Aline venait de me resservir une autre coupe, et aussi par bien d'autres coupables interventions, se mettaient lentement en formation.

On parlait bien de mes fesses, là ? Moi actrice de quel film exactement ?

J'arrangeai ma jupe et m'intéressai de plus près à ces échanges. Il semblait que ma petite personne soit concernée. Me redressant, je plaçai mon regard vers le groupe, toujours debout devant l'imposant assemblage.

Ryan me considéra, son attention à nouveau portée à la Croix.

« — Nous traitons cette affaire à huit cents euros, Georges, accessoires compris, j'entends.

— Monsieur est dur en affaire, et semble conscient du degré d'intérêt que peut porter sa Punie.

J'accepte.

Il est prévu de livrer l'ensemble de cette prestation à Dubaï accompagné de cette commode que vous voyez là, faite du même bois rare. Les accessoires y sont rangés.

Je vous laisse vous organiser comme vous l'entendez, mes employés et moi même allons prendre place aux côtés de ma Comptable. »

Ryan réagit d'un ton sec.

« — Je vous demande pardon ?

— Ne craignez rien, Monsieur, nous ne participons pas, nous assistons simplement, assis en ces fauteuils que vous voyez là, Aline s'y étant déjà installée.

— Je crains, Georges, je crains… qu'il n'y ait malentendu. Il est évident que j'entends bien être seul avec ma soumise dont venez vous-même d'admettre l'aspect exceptionnel.

Pensez-vous vraiment qu'une telle Femme puisse être mise en situation, fut-ce sur votre construction, sous les yeux d'un public à titre…

Ryan cherchait ses mots, et moi-même ne voyais pas où il voulait en venir.

— À titre… Monsieur ? insista Georges.

— … gratuit, Georges, gratuit. Cela ne se peut pas, convenez-en. »

J'écarquillai les yeux. Je dégringolais, d'étage en étage.

Plantant là son interlocuteur médusé, et pas peu fier de son petit effet, Ryan se dirigea vers moi, me tendit la main, prenant la mienne et m'attira à lui.

Une fois debout, il me serra contre son torse, m'embrassa doucement dans le cou, puis me prit la taille, me caressant les flancs.

Dans un souffle, un chuchotement complice, j'entendis :

« — sers-toi de la confiance que tu as en moi, je te promets une soirée de plaisir comme tu ne l'as jamais imaginée »

Puis son visage s'éloigna un peu, ses yeux dans les miens, son regard se posa sur mes lèvres. Il y déposa les siennes, comme un baiser léger en prononçant mon prénom doucement.

Il m'emmena, me plaça à un mètre de la Croix de Saint-André, face au petit groupe de trois hommes qu'il fit reculer un peu.

Mes mains sur mes hanches, mes cheveux mi- longs à peine coiffés, ma poitrine nue relevée et pointant sous le semi-transparent de mon chemisier, mes yeux bleus ne savaient pas très bien ou se poser. Je choisis Aline, qui ne perdait pas une miette de ce qui commençait à être un spectacle.

Ryan avait cet air altier, le même que celui qu'il avait lorsqu'il m'a dit voilà quelques jours, qu'il était fier d'être a mes côtés, et combien m'accompagner simplement dans mes pas était pour lui source de plaisir.

Il ouvrit un tiroir de la commode à accessoires et je le vis caresser des doigts des objets que je ne voyais pas.

Il en tira une baguette souple, se retourna vers son Public un peu interloqué.

Il claqua un grand coup à plat sur la commode et se dirigeant vers moi, il dit d'un ton fort :

« Je déclare les enchères ouvertes ! »

Puis sans s'arrêter, il enchaina :

« — J'ouvre les enchères, Mesdames et Messieurs, en vous offrant gratuitement ce premier plat d'un délice ne se comparant à rien d'autre »

Il détacha les deux premiers boutons de mon chemisier, laissant à mes seins libre indépendance de mouvements, leur aréole apparaissant maintenant sans toutefois que mes mamelons ne se montrent encore.

Un silence se fit entendre, des yeux se figèrent sur mon corps, une bouche s'entrouvrit.

« — À cinquante euros, Madame, je dis bien cinquante euros, Messieurs, un 95 b d'une fermeté sans pareil, ce véritable défi à la pesanteur peut être offert à votre vue, à vos désirs. Je vous écoute. »

Tout cela avait été assez vite, Georges ne s'y attendait visiblement pas, les Mens in blacks non plus.

L'un d'entre eux murmura... « Soixante ? » en s'asseyant au un des fauteuils.

Les deux autres en firent autant.

Georges, comme se sentant pris au piège ne dit mot, mais leva la main, avec l'air de celui qui s'est fait avoir.

Ryan adjugea tout de suite à soixante dix euros, encourageant son public.

Il dévoila mes seins, non sans les avoir caressés au passage du creux de ses mains. Il en pinça rapidement les mamelons, me faisant fermer les yeux sous l'effet rendu.

Ma poitrine pointait maintenant, nue face aux regards de ces étrangers, visiblement intéressés.

Il s'éloigna imperceptiblement de moi, tendit sa baguette et la passa sur chacun de mes bouts de seins érigés, prolongeant sa caresse sur le bas de mes seins, poursuivant sur mon ventre, et revenant doucement sur mes mamelons mis à vif.

Mon corps réagissait, et cela se voyait.

Ryan me retourna doucement, offrant mon dos, et me démettant de mon valeureux petit haut.

« — Je vous propose maintenant cette croupe ferme et magnifiquement formée, Messieurs.

L'enjeu est grand, et il convient d'y mettre le prix.

Nous commençons la mise à prix à cent euros, c'est une offre de base »

Une main se leva tout de suite, puis une deuxième. Ryan trouva l'enthousiasme des foules décevant et le fit savoir.

La première main se leva à nouveau et finalement ce fut Georges qui lâcha directement « Cent cinquante euros » ce que Ryan refusa, affirmant que « ce corps méritait bien plus d'attention, et qu'il se réservait le droit d'arrêter les enchères si un minimum de respect des valeurs n'était pas effectif.

Mes Fesses furent adjugées à deux cent dix euros.

Ryan me déplaça un peu, me fit mettre les mains sur la Croix encore fermée, m'écartai un peu les jambes et défit ma jupe qui tomba au sol.

Je dus me cambrer. Ryan s'agenouilla derrière moi, et prenant mes chevilles les écartèrent encore un peu l'une de l'autre.

Il passa sa main bien à plat sur le plat de chacune de mes fesses. Ce contact doux, plus qu'agréable, ne me laissa pas sans réaction, cambrant mes reins davantage.

Puis il se déplaça un peu sur ses genoux, se mit de côté, laissant à la vue du public, seulement à deux mètres de moi, ma parfaite nudité postérieure.

Il m'ôtait maintenant mes chaussures une à une, défaisant les lacets lentement, s'emparant de ma cheville, sa main remontant d'une caresse aux effets redoutables le long de ma jambe, puis de l'intérieur de ma cuisse.

Cette main se transformant en doigts aux abords de mon sexe nu. Mon Clitoris fut pris en main, trituré, me laissant échapper malgré moi un gémissement de plaisir, tandis que Ryan, le délaissant, s'était mis maintenant en tête d'introduire ses deux doigts en moi.

Il le fit lentement, me faisant me cambrer encore davantage, il faisait coulisser ses doigts, parfois faisant pivoter sa main, et déclenchant des effets de plaisir effroyables.

Je me remis à mouiller et sentais bien le contact de sa chair en moi.

Puis il arrêta, me laissant pantelante, dans un râle demandeur.

Je n'étais que désir, que besoin à ce moment.

Ryan se leva, me saisit par la taille et me tourna face aux fauteuils, à peine à un mètre des Hommes assis.

J'ouvris les yeux pour voir un spectacle d'anthologie.

Trois sexes sortis de leurs pantalons, tous trois tendus et valeureusement pris en main par leurs propriétaires respectifs étaient là, tout près de moi, encore pantelante du plaisir des doigts de Ryan.

J'étais figée. Et comme pétrifiée à la vue de ce que Georges tenait entre ses doigts.

Il donnait à son membre un mouvement lent de sa main enserrant un sexe tout simplement énorme, tendu en une érection incroyable. Son gland apparaissait et disparaissait sous l'effet du geste, donnant à son phallus l'impression d'une dureté incomparable.

Ryan relança les enchères :

« — Messieurs, la vue de la chatte trempée de notre hôtesse dans l'attente d'une pénétration prochaine, certaine, et incontournable. Cette enchère est lancée à deux cents euros, pas moins. »

Ryan m'approcha encore des hommes. La proximité de mes cuisses nues dont le haut était humecté, les quelques poils de mon pubis mouillé tous près des sexes de ces hommes, tous excités et bandés comme des arcs commençait à créer une tension insupportable.

Ryan le savait, en jouait. L'interdiction de me toucher avait été établie, était formelle, et ces mâles étaient actuellement en grande souffrance.

Ils levèrent l'une de leur main libre pratiquement au même moment, sans un mot, leurs sexes turgescents, les yeux fixés sur ma chatte non encore bien visible.

Ryan réclama une offre. Le murmure du chiffre deux cent cinquante fut entendu, Georges s'enquit d'un deux cent quatre-vingts.

Ma chatte trempée était sur le point d'être adjugé à trois cents euros quand Ryan, à cinquante centimètres des yeux déjà exorbités de ces hommes introduit à nouveau ses doigts en moi, me branlant d'allées et retours lents.

L'ambiance était à couper au couteau.

Aline se leva et s'avança devant Ryan.

Elle avait enlevé ses chaussures, ses pieds nus au sol, elle se planta tout près de moi.

« — Il est temps d'élever le niveau des enchères, Ryan.

À cinq cents euros en cash, déposés tout de suite, laisse-moi poser ma bouche sur son clitoris en feu. »

14. Au nom de mon Corps

Un ange passa, dévoilant sous ses ailes un élément nouveau, un imprévu.

Cinq cents euros ! Cette fille était capable de déposer là cinq cents euros seulement pour me toucher. Ça n'était pas sérieux !

Ryan se tourna vers Georges.

« — Qu'en est – il de la solvabilité de votre salariée, Georges ? »

Georges était dans un état indescriptible.

Il n'avait pas quitté des yeux mon entrejambe depuis un moment, ses yeux clignaient, il était là, tenant son membre de la main droite, ayant arrêté ses mouvements, sans nul doute par crainte de l'arrivée d'une éjaculation qu'il jugeait précoce.

Ce malheureux était clairement à deux doigts d'un événement physique émotionnel intense.

« — Georges ?

— euh, oui ? Pardon...

— Je mettais en cause la solvabilité de votre employée. Merci de rester parmi nous, Georges.

— Mademoiselle Aline dispose de ressources insoupçonnées, Monsieur, véritablement insoupçonnées.

Vous pouvez lui accorder toute confiance. »

Je planais un peu. Cette fille n'allait quand même pas me bouffer la chatte, la comme ça tout de suite ?

Je m'apprêtais à intervenir lorsque qu'il me vint à l'esprit que mon statut de Punie de la soirée ne m'y autorisait peut-être pas.

J'étais entièrement sous le Bon Vouloir de Ryan.

Ryan semblait considérer l'offre.

« — Ma chère Aline, je vous demande de respecter l'objet de la prestation mise à prix.

Les enchères en cours concernent le constat d'une chatte en attente de pénétration, mouillée à souhait, demandeuse.

Croyez-vous qu'il soit seulement question de la satisfaire ?

Je vous en prie, chère amie, retenez vos pulsions, et asseyez-vous. »

Au regard de Aline, je crus un instant qu'elle allait le frapper. Elle était à 20 centimètres de moi, de profil.

Elle venait de proposer cinq cents euros, et on les lui refusait.

Elle fit un quart de tour. Mon mètre soixante-cinq plaçait curieusement la pointe de mes seins très exactement au même niveau que les siens.

Elle me vit baisser les yeux, regarder son décolleté incendiaire dévoilant une poitrine un peu plus forte que la mienne, dépourvue de soutien-gorge, simplement voilée de son corsage en soie.

Elle en fit autant et nota elle aussi cette coïncidence, puis se rapprocha de moi, et je crus qu'elle allait me toucher tant nos visages étaient près l'un de l'autre.

Ryan intervint.

« — Je vous en prie, Aline, on ne touche pas une Punie non adjugée. Cela serait intolérable »

Georges intervint, lui aussi.

— Aline, enfin ! Vous frisez l'avertissement, là ! Voire la rétention sur salaire ! Un peu de retenue, tout de même ! »

Elle se rapprocha encore, consciente de l'interdiction formelle qui lui était donnée de me toucher de ses mains, et encore moins de sa bouche.

Elle le fit pourtant, d'une autre partie de son anatomie.

Ses pointes de seins se placèrent précisément sur mes bouts durcis, et je sentis clairement le contact de nos mamelons raffermis, de l'une et de l'autre, seulement séparés par l'épaisseur du demi-millimètre de soie. Bougeant imperceptiblement de gauche à droite et de droite à gauche, Aline, son regard planté dans le mien frottait nos extrémités l'une contre l'autre.

Incontestablement, et bien malgré moi, je dus admettre que mon corps répondait. C'est moi qui baissai les yeux, juste avant que Ryan, élevant la voix, lui intima de se rasseoir, mettant fin à cet échange saphique.

Aline disparut de mon champ visuel, avant que Ryan ne relança l'enchère et que celle-ci ne fut remportée par l'un des Commis à trois cent vingt euros.

Ryan se munit d'un coussin qu'il plaça au sol, à un mètre en face de l'acheteur, puis me prenant par la main, il me fit mettre à genou juste devant ce coussin, tout près du voyeur.

En cet instant il devait sentir le souffle de mon expiration, tant mon visage était près de son sexe, qu'il tenait en main et dressé juste devant moi.

Puis Ryan me renversa doucement en arrière, plaçant mes reins sur ce cousin, la tête posée au sol, les pieds ne bougeant pas, je dus écarter complètement les jambes, me forçant à la plus indécente position, le sexe dilaté, ouvert.

Non content de m'exposer ainsi, il ne fit rien d'autre que me doigter, amenant mes reins à des soubresauts incontrôlés, ces pénétrations généraient dans mon bas ventre des vagues de plaisir que Ryan faisait fluctuer selon son bon vouloir.

Je n'en pouvais plus de me retenir, être sous la vue de ces hommes, eux même dans un état d'excitation hors du commun, leurs sexes érigés si près de moi, les doigts de Ryan me pénétrant, se retirant de moi, générant des flux de cyprine, moi même luttant contre l'approche d'un nouvel orgasme dans cette position, cela devenait inhumain, impossible.

Mon ventre commençait à générer des contractions et l'assemblée pouvait maintenant m'entendre gémir de plaisir.

Ryan stoppa net.

Mon corps pris de mouvements incontrôlés était comme livré à lui même, continuait à bouger tout seul, mais ne laissant pas place au plaisir ultime, me laissa plutôt un espace de vide, de frustration.

C'est en cet état, mes yeux encore révulsés, que Ryan mit sa main sous le haut de mon dos et me força à me relever, accroupie.

Entrouvrant les yeux, je pouvais distinguer les mouvements très rapides de la main du Commis sur son membre, d'un aspect reflétant une dureté prodigieuse.

À l'arrière-plan, un visage au bord de l'apoplexie, bouche ouverte lâchant un râle indescriptible.

D'un seul coup, plusieurs jets de sperme jaillirent de son sexe avec force en un impressionnant feu d'artifice et de plaisir assouvi.

15. L'insupportable attente

Je n'avais plus maintenant la moindre notion du temps, de l'heure qu'il était.

Cette notion temporelle me vint à l'esprit, car je me sentais fatiguée et me demandais pourquoi. Cela faisait maintenant plusieurs heures que j'étais dans un état d'excitation sexuelle permanente.

Mes derniers ébats de cet ordre me revinrent fugacement à l'esprit. Après avoir fait l'amour, je ressentais toujours cet état de lassitude, celle normale après une forte tension d'un état d'orgasme qui ne dure que quelques minutes.

Honnêtement, mon dernier amant m'avait satisfaite, et je souris intérieurement à la pensée de ce que je trouvais « satisfaisant » en un acte qui s'était étalé en tout sur à peine une demi-heure, plutôt vingt minutes, après des semaines de drague de sa part, d'invitation au restaurant, d'approches et de demandes qui avaient duré des semaines.

Au bout de toute cette procédure lourde : Vingt minutes, dont trois d'extase.

À mon premier contact avec Ryan, il m'avait baisé comme je ne l'avais jamais été, loin de m'effrayer, il avait su, au travers de sa folle imagination m'intéresser, alternant des conversations d'un niveau et d'une finesse d'esprit inlassablement haletante, avec des échanges et des moments physiques toujours hors du commun.

La relation que j'avais avec lui ne se comparait à aucune autre, ni vécue, ni même racontable.

Encore maintenant, alors que sous étions certainement au cœur de la nuit, je me disais qu'entre les premiers baisers de Ryan et cet instant, il devait y avoir plus de six heures que mon corps était littéralement baladé entre excitation sexuelle permanente et approche d'un orgasme jamais atteint.

Je n'avais jamais vécu cela, jamais imaginé que ce fut possible, ma vie sexuelle s'étant résumée jusqu'ici au constat que la plupart des hommes s'attachent à s'amuser du corps de la célibataire que je suis, ce en quoi je ne leur en ai jamais voulu, ces relations ponctuelles avec la gent masculine ne me servant, à moi aussi qu'à combler un besoin physique sporadique, certains soirs plus demandeur que d'autres.

Mon degré de conscience de l'instant me rappelait que j'étais une personne au mental bien structuré, reconnue comme telle par mon entourage, ma famille ou même mon milieu professionnel.

Nulle trace de soumission en ma personnalité. Ce soir pourtant, à aucun moment je n'avais senti le besoin de m'élever contre cette façon dont Ryan me traitait.

C'était une sorte de jeu de rôle, mais tellement merveilleusement interprété.

Plusieurs fois ce soir, alors que l'autorité émanait de sa voix et de ses gestes, alors qu'il ordonnait, refusait, repoussait, décidait de tout pourtant, et bien dans ses chuchotements à mon oreille, dans nos échanges de regards d'à peine une seconde, il y avait toujours ce message subliminal « Tout va bien ? » « Comment te sens-tu ? » « Dis-moi d'arrêter ».

Rien n'avait été préparé, mon avis n'avait pas été demandé, et je savais pourtant qu'un seul regard de moi, pas même un mot, pouvait instantanément endiguer le processus en cours dont je me demandais jusqu'où Ryan le prolongerait.

Il mettait en scène cette nuit-là toute la théorie qu'il me disait lui être chère, relative au fait que la base relationnelle du couple idéal, pour lui, tenait bien davantage à ces seuls mots : « Complicité, confiance » .

Il considérait que cette généralité spécifiée dans le mot « Amour » ne signifiait finalement pas grand-chose, tant il existait de définitions différentes à une relation basée sur cet Amour. En vérité, sur les sept milliards d'humains sur terre, disait-il, il devait bien exister sept milliards de définitions au mot « Amour »

Nous étions lui et moi bien d'accord sur le fait que toute relation entre une Femme et un Homme, se prolongeant au-delà d'une seule année avait quelque chose de quasi miraculeux, et ne pouvait pas tenir qu'à un Amour simplement, tant il est vrai que nous sommes des Êtres changeants, évolutifs.

Dans nos moments d'échanges les plus passionnants, j'avais émis l'idée que la raison de la survie de notre espèce ces derniers millénaires tenait à sa faculté d'adaptation, a son appréhension diversifiée et efficace aux situations nouvelles, ce à quoi il avait rétorqué que transposé à la relation de couple, cette nature humaine changeante n'avait aucune chance de progresser à l'identique pour deux personnes vivant sous le même toit, et que si l'on y ajoutait les différences animales incontestables entre une Femme et un Homme, par définition même, toute formation de couple était vouée à l'échec, à moins que…

Il n'avait jamais voulu poursuivre, se bornant à dire que la nature, la manifestation de la relation sexuelle courante s'installant entre deux Êtres, était pour lui un des meilleurs terrains où pouvait se mesurer le degré de Complicité et de Confiance, et qu'un couple pouvait à son sens tenir bien plus longtemps sur la base d'échanges physiques reconnus épanouissants, plutôt que sur un quotidien fait de déclarations d'amour infini.

Et Boum, Cassées, les romantiques, les ingénues, les Cendrillons attendant leur Chevalier blanc.

Et la tendresse, bordel ! ?

Il l'incluait dans la sexualité, elle n'en était qu'un chapitre, nous différenciant des autres Espèces et confortant l'attachement.

Il m'était impossible de ne pas repenser à mon parcours affectif, à ce qu'était ma vie sentimentale, et de commencer à m'interroger sur le fait que je n'avais jamais eu de véritable histoire d'amour, en ces vingt dernières années.

Depuis que je connaissais Ryan, je m'amusais des conversations intimes avec mes copines mariées qui me confiaient que la durée moyenne de leur rapport physique avec leurs maris ne dépassait pas ces fameuses vingt minutes.

Voilà plus de six heures que j'étais en attente d'un acte sexuel, moi… que par tous mes pores, je transmettais le message « J'ai envie de toi. »

Tout à l'heure encore, ma main avait effleuré le sexe durci de mon homme, au travers de son pantalon, au moment où l'enchère portait sur mes Fesses, et il m'avait susurré un « attends… »

D'une Claque de Cuir sèchement portée sur la fesse gauche, je fus ramenée à la réalité du moment, film intitulé : « Le retour de la Cravache »

Sortant vaseusement de mon nébuleux brouillard de bien-être de mon entrejambe, j'entendis :

« — Il est temps maintenant de nous intéresser à la Création de cette auguste Établissement : La Croix de Saint-André »

16. Un monde inconnu

Ryan m'aida à me relever et me plaça, debout, devant ce qui n'était pas encore une Croix, le mécanisme n'ayant pas été actionné.

Les deux barres verticales derrière moi, les fesses au contact de la magnifique sellerie de cuir rouge, j'étais là, debout, nue et les bras ballants.

Les enchères furent lancées.

« — Le droit d'attacher les chevilles de la Punie au Bois de la Croix ! Il sera toléré un contact de ses pieds nus, mais cela n'est à considérer que comme étant une promotion gratuite, bien entendu.

Le droit de boucler les attaches aux poignets de la punie, tout en haut de la Croix !

Enfin, le droit de lui attacher la taille, au centre de la Croix !

Chacune de ces taches peut vous être accordée pour une mise à prix de 80 euros.

Le moindre écart à ces instructions, une fois les taches adjugées sera sanctionné de 100 euros.

C'est parti ! Pour les chevilles de la Punie, avec la possibilité de lui toucher ses pieds nus.

Georges, je ne vous entends plus depuis un moment !»

De fait, Georges avait perdu la parole

Celui de ses employés qui s'était accordé un peu de laisser-aller se remettait de ses émotions.

L'autre Men in black leva la main bien haut.

Une bataille s'en suivit entre Georges et lui, et il l'emporta pour 130 euros.

Georges prit le dessus à 90 euros pour mes poignets tandis que Aline ne lâcha pas l'affaire, et s'agrippa comme un roquet à un os, voulant absolument l'emporter pour m'attacher la taille. Elle l'emporta à 150 euros.

Je fus mise en place, mes chevilles liées à l'aide des lanières, dont le cuir sur ma peau me donnait une impression curieuse, faite de contact animal.

Mes pieds, à l'occasion furent touchés, caressés au-delà du raisonnable, un écart fait d'une main sur l'intérieur de mes jambes fut sanctionné par un coup de cravache donnée sur ladite main qui se retira vivement.

Georges se leva, un peu chancelant. Il était celui du Public qui semblait le plus affecté, dont l'émotion se montrait davantage que les autres, à sa façon de me regarder.

L'effet que je lui faisais semblait être indescriptible.

Jamais je ne m'étais sentie aussi, comment dire... étonnée pour le moins... par les effets que produisaient sur des gens la vue de mon corps.

Nu il est vrai, mais tout de même... je m'étais persuadée au fil de ces années que je n'avais rien d'une Star, et cette nuit-là, Ryan mettait en scène une valorisation de mon corps, chiffrable par des sommes d'argent mises en jeu, ce qui aurait pu paraître d'une vulgarité inouïe, à priori, mais dont je comprenais peu à peu le sens.

Cette situation faisait clairement réponse à l'une de nos conversations, où lui m'affirmait à quel point il me trouvait désirable, au sens basique, disait-il, « te regarder déclenche le désir ».

Il avait été vexé de mon éclat de rire d'alors.

Clairement, il me faisait la démonstration cette nuit que des illustres inconnus, hommes et même femmes, étaient prêts, à la seule présence de mon corps nu, mais non mis en offrande gratuite, pouvait non seulement payer des sommes non négligeables pour regarder mon intimité, mais aussi, incontestablement, se mettre dans un état de transe sexuelle à la seule proximité de mon physique mis en scène.

C'était plus qu'une révélation pour moi. C'était une stupéfaction.

L'effet jouait dans les deux sens : j'excitais, et j'étais excitée de lire l'excitation dans leurs yeux.

Mon corps en ce moment n'était que sexe, qu'envie frustrée et furieuse de pénétration, Ryan me faisait peiner de cette attente-là, et je me demandais encore comment il fut possible que depuis des heures, mon intimité puisse générer autant de mouille, jusqu'à me couler sur l'intérieur des cuisses, jusqu'à être prise de petits tremblements, contrôlés jusque là.

Georges me prit les poignets, leva mes bras, moi ne l'aidant en rien dans cette tâche.

Les boucles furent mises en place.

Il fit durer son acte. Les bras levés, son corps s'était étendu vers le haut, très proche de moi, et je pus sentir au travers de l'étoffe fine de son pantalon son érection contre ma cuisse.

Concentré sur le bouclage de mes poignets, il se frottait contre mon corps, ajoutant à mon trouble.

Lorsqu'il en finit, il se recula, respectant les règles établies, mais me fixant, détaillant avec force les formes de ma poitrine. Son regard était d'une telle insistance que je pouvais presque sentir un contact sur le bout de mes seins tant il les fixait lourdement.

Ce fut au tour d'Aline de m'attacher la taille.

Le large ceinturon fut positionné, mais Aline trichait effrontément, mes flancs, au prétexte de cette tâche, se voyaient parcourus de ses doigts, ses revers de main glissaient sous la ceinture, mon bas ventre, à la limite de mon fin duvet qui n'eut d'autre choix que de se voir effleurer.

Ryan se rendit compte que cela durait plus que de raison et mit un terme à cela.

Du moins il essaya.

Lorsqu'il indiqua à Aline, la cravache à la main, que cela suffisait, elle le fixa droit dans les yeux et mit délibérément sa main sur mon sexe, faisant glisser son majeur entre mes cuisses serrées.

Il existait une telle lubrification à cet endroit que son doigt s'inséra facilement, s'appuyant sur mon clitoris qui n'avait pas été touché depuis trop longtemps maintenant.

Mon corps se cambra bien malgré moi, déclenchant la colère de Ryan.

Il lui prit le poignet fautif, le tordant avec une force telle qu'elle se mit à genoux. Il la traina plus qu'il ne l'emmena à la porte, la sommant de ne revenir qu'avec les sommes dues, en espèces sonnantes et trébuchantes, amende de cent euros comprise.

Je ne l'avais encore jamais vu en cet état.

Il revint, se dirigeant directement vers Georges, le menaçant du bout de sa cravache, il lui dit qu'il le tenait pour responsable du comportement intolérable de son employée, et que nous étions à un seul cheveu du fait qu'il mette immédiatement fin à la séance de Punition.

«— Gardez à l'esprit, Georges que je peux immédiatement arrêter ces enchères !»

Georges en convint, tempérant cette annonce en demandant à Ryan de reconnaître que la situation était difficile pour tout le monde, que peu de personnes résisteraient, devant la proximité d'un tel corps nu, appelant littéralement au sexe, et que lui même avait des difficultés de maitrise de ses gestes.

Il s'exprimait en balbutiant, le visage transpirant, les yeux fixés sur mes cuisses, son indécente érection marquant le haut de son pantalon.

Les Men in blacks quant à eux ne bronchaient pas, figés dans leurs chaussettes.

Baissant les yeux à son passage devant Ryan, Aline revint. Elle déposa un groupe de billets de banque sur le meuble à accessoires.

À son retour à son fauteuil Georges l'attrapa par le bras et un long aparté eut lieu, ponctué du doigt levé et agité de Georges.

Pendant ce temps Ryan semblait étudier le contenu du tiroir du haut du meuble à accessoires.

Il se retourna vers moi, mis un temps infini à enlever sa chemise qu'il posa doucement sur le meuble, puis une fois le torse nu, il prit deux objets dans le tiroir, son regard croisant le mien quelques secondes.

Il avait à la main un martinet et un bout de tissu noir.

Je compris qu'à partir du moment où cette étoffe serait sur mes yeux, le lien visuel entre lui et moi n'existerait plus. Sans que personne ne le sache ou même ne le soupçonne, ces quelques secondes du regard soutenu de Ryan me demandait un accord tacite, réclamait une confiance sans limites.

Mes yeux quittèrent les siens et se posèrent sur les lanières de cuir du petit martinet qu'il tenait à sa main gauche, puis sur le bandeau de soie, puis revinrent à ses yeux clairs.

Je fermai les paupières, tendant mon visage à l'étoffe.

Elle fut posée rapidement, me privant du sens de la vue.

Ryan actionna alors le mécanisme de la Croix de Saint-André.

Il commença à l'ouvrir, et je me sentis mise en... croix, en parfait X, mes mains étant maintenant éloignées l'une de l'autre d'un bon mètre, mes jambes ouvertes d'autant.

Le silence, des bruits de... vêtements, puis je sentis se plaquer, parfaitement contre mon corps, celui de Ryan.

Nu.

Ses deux mains s'emparant des miennes, nos doigts croisés, il m'embrassa, jouant de sa langue, me parcourant les lèvres d'abord, j'entrouvris la bouche en même temps que je sentais, appuyé avec force contre mon ventre, son sexe totalement vertical, chaud et dur.

Il donnait à son membre des contractions qui m'étaient retransmises par sa veine inférieure, comme si les battements de son cœur me parvenaient par ce biais.

À la fois passive obligée, et le corps dévoré d'envie, je m'entendis lui murmurer, « — là tout de suite, prends-moi, s'il te plait »

Ryan se saisit de son sexe qu'il déplaça, s'écartant de moi de quelques centimètres, alors que je m'attendais à une pénétration, je sentis son membre se mettre tout en long dans l'axe parfait de ma fente, à l'horizontale.

Cuisses écartées, je pouvais sentir la longueur de son sexe chaud écarter mes lèvres, son gland positionné au bas de mes fesses.

Il donnait à ses reins un mouvement d'avant en arrière, coulissant ainsi, me privant de toute pénétration, son membre baigné de ma cyprine se frottait à moi s'appuyant sur mon clitoris innervé de tout le désir du monde.

Traversant l'orée de mon sexe ouvert, je sentais son gland me caresser le bas du corps, déclenchant des mouvements de celui-ci, retenu par la ceinture de cuir posée par Aline.

Je ne peux nier que mes gémissements se firent entendre, ils m'échappèrent plus qu'ils n'étaient émis, manifestant sans nul doute la souffrance du vide qui était en moi.

Des minutes s'écoulèrent ainsi jusqu'à ce que Ryan se retire doucement, me laissant flasque, suspendue par les mains, mes jambes défaillant sous moi.

Je l'entendis s'adresser à mon Public, déclarant que maintenant les choses sérieuses allaient commencer.

Il manœuvra à nouveau la Croix de Saint-André.

En deux temps. Elle fut mise à l'horizontale.

Puis une fois mon corps à plat, il écarta davantage le « X »

Mon sexe béant, baignant de son liquide de plaisir s'offrait comme jamais à la vue de cette Femme et de ces trois hommes.

Ryan ouvrit une mise à prix stupéfiante.

Sidérée, je l'entendis lancer un Appel d'offres sur la caresse de mes seins à 600 euros et un Cunnilingus démarrant à 800 euros, il indiqua que la Punie serait soumise à l'administration d'une fellation dont il se réservait l'exclusivité sur sa personne, et au final insistant sur le fait que ces prestations devraient s'opérer simultanément, dès les sommes adjugées.

Mon corps offert a des yeux inconnus dans sa plus profonde intimité, celle qui montrait mon désir, mon envie, mon besoin immédiat de sexe, proposée maintenant à des mains, à une bouche étrangère qui se placerait entre mes cuisses, à une langue qui me parcourrait, mes lèvres au contact du sexe qui venait de me transmettre sa chaleur, voilà ce qui m'attendait.

Les yeux dans le noir le plus absolu, ne sachant qui allait faire quoi, je pénétrais un monde inconnu.

17. *Sur le fil du rasoir*

C'est seulement une fois le bandeau mis en place et moi couchée de cette façon sur la Croix de Saint-André, que je réalisai à quel point je passai du statut de « Punie » à « Soumise ».

Aucune action de ma part n'était plus possible, sinon crier ?

Après tout ce qui venait de se passer depuis toutes ces heures, c'eut été ridicule, en tout cas peu authentique.

« Au secours ! On me viole ! »... Euh... qui me violait en fait ? Franchement, ce n'était pas très crédible. Je m'en étais entièrement remise à Ryan, et je l'assumais.

En fait le petit parfum d'angoisse qui commençait à flotter venait du fait que depuis un moment, les enchères qui avaient cours, et dont les valeurs montaient de manière impressionnante, étaient... muettes.

Muettes au sens où Ryan animait la séance en relançant fréquemment.

Mais du côté des enchérisseurs, la seule levée de leur main, sans un mot, poussait les enchères de 200 euros plus avant.

Je sus donc que les caresses de mes seins furent adjugées à mille trois cents euros sous forme de lot commun, c'est-à-dire que deux enchérisseurs s'étaient unis pour contrer un troisième qui luttait de pied ferme ; mais dut s'avouer vaincu face à l'union des deux autres.

Les enchères concernant le cunni, quant à elles, durèrent longtemps, et il me fut impossible de comprendre qui en était l'adjudicataire, Ryan s'étant borné à annoncer :

« — Plus d'annonce ? La vente va être validée à deux mille cent euros : une fois... deux fois... »

Il s'arrêta. Visiblement une main s'était levée.

Le « Adjugé ! » fut lancé au final à deux mille cinq cent euros. Une fortune. Tout simplement cinq fois la valeur de mon loyer, quoi.

Deux mille cinq cents euros ! Seul Georges, le patron de la Boutique pouvait lâcher une telle somme, ce qui ne m'étonnait pas vu son... état la dernière fois que je l'avais vu.

Des bruits de tiroirs qui s'ouvraient, se fermaient se firent alors entendre, avant que Ryan ne tonnât :

« — Georges ! Vous m'aviez bien dit pourtant que la Commode à accessoires était complète, non ?

— Mais certainement, Monsieur, d'autant plus complète que l'expédition de cet ensemble complexe est prévue pour après demain.

— Alors dans ce cas, Georges, où se trouve la cuvette en inox ?

— Euh... pardon ?

— Je dis bien : La cuvette en inox ! »

Alors là...!

Un autre ange passa, les ailes lourdes d'interrogation, celui là, d'ahurissement, même.

Par pur réflexe, je levai la tête, cela ne servant à rien, puisque les yeux bandés, mais... une cuvette en... inox ? On fait quoi avec ça, au stade où j'en étais ?

Ryan repris, bruits de tiroirs et de recherche active aidant...

« — Mais... et le blaireau ? Pas de blaireau ! Je ne comprends pas. Je croyais pourtant qu'il s'agissait bien là d'une œuvre de qualité, Georges. Cela ne va pas du tout.

Vous me voyez là désappointé ! Parfaitement désappointé. »

En vérité, en cette pièce, je me disais qu'il ne devait y avoir personne de plus désappointé que moi même.

Je ne voyais pas où tout cela allait, ni ce qu'une cuvette fut elle en inox, et un Blaireau dont Wikipédia m'aurait dit qu'il s'agit d'un petit mammifère omnivore au comportement nocturne, ce dont je me contrefoutais totalement, venaient faire en un lieu où un cunni venait d'être attribué à plus de deux mille euros à un enchérisseur fortuné.

Ryan pourtant commençait à s'énerver, et le silence de Georges me faisait comprendre que ce dernier planait totalement, jusqu'à lancer un timide...

« — Monsieur pourrait il me faire part de son projet à court terme, muni de ces outils qui semble-t-il sont indispensables à ce stade ? »

J'entendis Ryan se déplacer vers moi en trois pas, puis poussant l'ensemble de l'ouvrage sur ses roulettes, moi en faisant partie, il dut placer l'ensemble tout près du fauteuil de Georges.

« — Levez-vous Georges, approchez-vous, venez.

Placez-vous là. Non, non, approchez-vous encore, ici, vous dis-je !

Le ton se faisait impératif.

— Comme cela, dites-vous ?

— Voilà. Maintenant, examinez-moi cela de près, et dites-moi ce que vous voyez. »

Je sentis en mon entrejambe, une présence, pire, un léger souffle, une expiration projetée directement sur la pointe de mon clitoris entouré de ma fine toison.

Georges avait son visage à dix centimètres tout au plus de mon sexe.

Comme à un élève qui n'avait pas fait ses devoirs à la maison, Ryan insista : « — alors ? »

« — Et bien,... je dois dire que j'examine là une Chatte dans un état d'excitation inavouable, Monsieur, d'une moiteur sans pareil, et tout à fait dispose, en l'état, à être honorée comme il se doit.

— Mais encore ! ? »

Et alors là, Georges eut comme une révélation, s'apparentant à celle du Christ selon St Jean.

Il s'exclama d'un « Ah, je vois ! Mille excuses, Monsieur, ceci est d'une évidence... ! Un instant. Un seul instant suffira. »

Alors là, dire que j'étais décontenancée serait peu de choses. On m'expertisait la chatte dans le détail et je ne savais rien de ce qui se passait.

En très peu de temps, Georges revint, j'entendis ses petits pas pressés, et un échange d'objets se fit avec Ryan.

« — Voilà, Monsieur, les quatre ustensiles indispensables à votre préparation. »

Une préparation maintenant. L'inquiétude me prit.

Surtout lorsque Ryan me replaça au milieu de la pièce et demanda à l'assemblée, à toute l'assemblée, de se rapprocher afin d'assister à ladite préparation.

Il fut manifeste maintenant que pas moins de cinq visages se pressèrent autour de mon minou, tandis que j'entendis un bruit de liquide remuant dans un récipient métallique.

D'un éclair je compris.

Ryan s'était mis dans la tête de me raser de près ! Et à l'ancienne !

Dans la seconde, je sentis ses doigts étaler une crème, puis les poils du blaireau parcourir mon bas ventre d'abord, puis entre mes cuisses ensuite, et remontant de plusieurs mouvements rotatifs, il passa vivement les poils de son outil sur le dessus de mon clito, l'entourant, passant la mousse sur chacun des centimètres carrés de mon sexe se présentant aux visages si proches de ces inconnus.

Il faisait cela avec une minutie appuyée, sachant très bien l'effet produit par le passage du blaireau sur cet endroit d'une sensibilité sans pareille.

La douceur de la mousse à laquelle s'ajoutaient les passages rapides, furtifs des poils du blaireau constituaient la caresse la plus perverse qui soit.

Mon Clitoris était recouvert de savon, et choyé comme il ne l'avait jamais été.

Une excitation nouvelle me saisit l'entrejambe, Ryan était plus immoral que je ne l'avais pensé.

Cet acte était construit d'un niveau de vice qui ne m'avait jamais effleuré l'esprit.

Je me disais qu'il ne pouvait aller encore plus loin.

C'est pourtant bien ce qu'il fit lorsqu'il s'arrêta, se procura le rasoir de Barbier d'une main, et de l'autre se saisit de mon clitoris entre son pouce et son index, comme le ferait un coiffeur du nez de son patient.

D'une main experte, il fit passer la lame sur ma peau, le contact de l'acier rendu d'une douceur extrême par l'épaisseur de la mousse savamment dosée.

Le froid du métal me parcourait en surface en même temps que Ryan donnait à ses doigts enserrant mon clitoris un mouvement léger, qui découvrait de façon alternative mon petit bout devenu dur maintenant.

Il rinçait sa lame dans la cuvette inox, et revenait sur ma peau. J'entendais le crissement de la coupe de la lame sur mon fin duvet, me donnant l'impression d'être encore plus nue que je ne l'étais, ses doigts tenant fermement mon extrémité malmenée, triturée d'un mouvement de va-et-vient qui déclenchait à nouveau les balancements de mon bassin, qui depuis un moment s'était doté de sa propre vie, absolument autonome de ma volonté, réduite à néant en cet instant où le souffle des visages proches de mon intimité me balayait.

La coupe terminée, je devais avoir une peau de bébé, tant le détail avait été travaillé.

Ne lâchant pas mon clitoris, il me rinça d'une eau fraiche me balayant l'entrejambe et me procurant une sensation que je ne saurais décrire.

Je ne fus pas séchée.

Les outils furent rangés, puis Ryan s'approcha de mon visage, m'embrassa, et en même temps abaissa l'assemblage, actionnant le levier idoine.

Il se leva, et je compris que mon visage, soutenu par un support idéalement placé, était à hauteur de son sexe.

Ma bouche le cherchait.

C'est à ce moment que des mains, plusieurs en même temps, se déposèrent sur mon torse, et le parcourant légèrement, englobèrent chacun de mes seins.

Le contact de ma bouche sur le sexe de Ryan me produit cet effet malicieux que je ne peux décrire ici, ladite sensation immédiatement couverte au plan émotionnel par la bouche chaude qui venait de se saisir tout entier de mon clitoris plus nu que jamais, devenu fou de cette langue inconnue qui s'enroulait autour de son bout sensible et dur comme jamais.

C'est aux pincements de mes mamelons qui coïncidèrent avec l'introduction de cette langue, si dure, si chaude en moi que je crus m'évanouir, le gland du sexe de mon amant s'apprêtant à être saisi de mes lèvres.

18. *Flash-Back*

Lorsque je relis mes lignes, je suis étonnée de voir la distance parcourue entre ce qu'étaient mes fantasmes érotiques dans un passé pas si lointain que cela, et ces situations crées de toutes pièces, ciselées devrais-je dire, par mon nouvel amant.

Ce n'est rien de dire que ma vie avait changé.

Bien réglée, elle était faite d'un quotidien d'une banalité irracontable. Un appart, des amis, une famille, un boulot, m'y rendant tous les matins dans ma petite 106 blanche, inénarrable Peugeot qui m'assistait du transport de ma personne depuis toutes ces années, toujours constante, et dont je réalisais que la valeur pécuniaire n'aurait correspondu finalement qu'au prix de caresses de mes seins dans des conditions sorties tout droit de l'imagination de Ryan.

Curieuse et lamentable comparaison, peu valorisante pour cette fidèle amie, mille excuses à elle.

Voilà maintenant plus d'un an que cet homme est dans ma vie, et jamais je n'ai eu les sens aussi agités en une aussi longue période.

D'aucuns pourraient penser que ma romance racontée ici n'est qu'une ode à un amant, mais cela n'a rien d'une épigramme ou d'un sonnet vertueux, et principalement parce je constate tous les jours combien notre relation est mue par un état absolument réciproque dans lequel nos corps, de l'un et de l'autre, se transforment lorsque l'image de l'autre ou de l'un apparaît dans nos yeux.

Il m'est arrivé, sans le vouloir, de surprendre Ryan de ma présence, sur un lieu où il ne s'attendait pas à me voir, dans une situation des plus banales et très terre à terre, du genre « *l'homme fait ses courses dans un super marché* » et est concentré sur le rayon Camemberts aux produits laitiers.

J'ai pu assister alors à un phénomène des plus singuliers, un truc que je n'avais jamais vu, qu'aucun cinéaste n'a pu mettre en scène malgré les effets spéciaux les plus incroyables qui puissent exister : Au moment même où il me voit, dans l'instant ou il réalise ma présence, une sorte de vie nouvelle apparaît dans ses yeux clairs, qui s'arrondissent et montrent une pupille qui se dilatent comme sous l'effet d'amphétamines. Son sourire –réflexe, dans ces cas-là s'appuie par sa difficulté à me quitter des yeux.

Je ne me suis jamais habituée à ces situations quotidiennes, « habituée » au sens de ne plus m'en apercevoir. Jamais un Homme ne m'avait regardé comme cela, avec cette intensité, cette passion.

Sa façon de me toucher dans les premiers instants de nos rencontres est tout aussi particulière, ce ne sont pas comme on pourrait s'y attendre des gestes tendres, ou des caresses qui, elles, viennent bien après, dans la minute qui suit, à vrai dire.

Ces premières secondes sont toujours impressionnantes, déroutantes, même, il me touche du bout des doigts, les épaules, le visage, parfois, comme pour vérifier si je suis réelle, si me voir n'est pas un mirage, le produit de son imagination.

Cela dure dix, quinze secondes.

Ce sont ces secondes-là qui le rendent à mes yeux passionné, qui me confortent dans le fait qu'il n'est pas exclusivement le Mâle dominant que certains de nos jeux sexuels pourraient porter à croire.

Il a déclenché chez moi la fin d'un mythe, celui de ma machine à fantasmes incontrôlable.

Du plus loin que je me souvienne, en vérité depuis mes seize ans, mon imaginaire avait fabriqué des fantasmes dont l'existence même me dérangeait. Non pas par leur contenu, mais par le fait qu'ils se construisaient naturellement, sans que ma volonté ne les dirige vraiment.

Puis une fois construits, ils étaient là, à trainer dans mon esprit comme des désœuvrés, à s'installer, et à me défier, me dire « tu vois... tu n'oserais pas me réaliser, hein ? «

Cette soirée-cinéma des Cinquante nuances de Grey était pour moi justement le refus de l'existence même du concept du fantasme.

J'avais imaginé ma situation, et avait décidé de la créer. Ce Sex-toy déposé sur ma cuisse était bien une réalité, une offrande faite à un inconnu. « Fais ce que tu veux de moi ». En cela je me sentais forte, et refusais la frustration d'un désir inassouvi

Ces compagnons parasites, je m'étais amusée à les lister un jour, plutôt un de ces soirs de légère ébriété solitaire. J'avais noté les grands classiques du genre « Faire l'amour en pleine nature ou sur une plage, ou encore au cinéma », mais les scénarios tels « Habillée sans sous-vêtements..., au bureau, un désir fou..., s'exhiber en voiture » y avaient leur place.

Plus tard dans ma vie de Femme se sont dessinés les moins classiques « Séduite par une femme... », mais aussi « Attachée, avec deux hommes...

Un mot de travers, et la fessée... ou encore « On me paye pour me voir nue... ».

Et je réalise maintenant que, de près ou de loin, depuis que nous nous connaissons mon homme avait créé ces situations.

Comment savait-il cela ? Suis-je une Femme si banale que cela pour que je ne sois rendue qu'au rang d'une statistique connue de lui, ou a-t-il lu au fond de moi, ou tout simplement partageait-il ces fantasmes-là lui aussi, version masculine, au point de me les faire vivre et y prendre un plaisir à la fois commun et sans bornes ?

Au-delà de notre entente, d'un humour commun, le fait de partager aussi des envies cachées, parfois secrètes tels des fantasmes érotiques, qui pourtant sont si différents suivant que l'on soit femme ou homme, me rendait souvent pensive à propos du lien qui s'était créé entre lui et moi.

Ce qu'il me faisait vivre évacuait tous parasites intellectuels, comme un court-circuit de l'imaginaire érotique, tant ce qui se passait dans ma vie avec lui était à la fois inattendu et captivant.

À chacun de ses appels, de ses propositions, de ses visites, mon corps était en éveil, en curiosité, en attente.

Je me souviens d'un échange de textos avec lui, dans lequel j'écrivais que j'avais l'impression avec lui de vivre une non-réalité, un rêve. Je terminais par « — je pense a toi… je tremble, je te lis… je tremble, je t'écris… je tremble ».

Ma relation avec lui n'était faite que d'émotion, souvent incontrôlable.

Sans doute ce qui expliqua que je terminai mon SMS par un « Je t'embrase » en omettant un « s », ou alors peut être n'était-ce qu'une faute de frappe sur mon iPhone.

Il avait su me répondre qu'avec moi il se sentait embrasé des plus célestes des flammes, que j'étais à ses yeux la plus jolie des fictions, la plus unique, et la plus irracontable.

J'aimais cet homme-là.

19. Le Rut

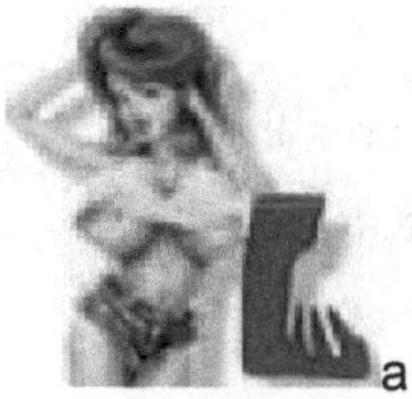

La séance de rasage terminée, toutes ces mains s'affairant avec légèreté sur mon corps, cette impression d'extrême nudité, de soumission totale, et surtout cette vision de moi, cuisses écartées et offrant ma partie la plus intime qui soit, m'amena à comprendre tous le sens de l'intérêt de la forme de la Croix de Saint-André.

Mon entrecuisse était maintenant tétanisé par la douce pénétration de cette langue chaude et inconnue à l'intérieur de mon corps.

Je n'avais nulle idée de l'opérateur, mais les passages chauds et doux sur les lèvres de mon sexe, qui alternaient avec l'introduction rapide de cette langue en moi, et qui savait se faire tantôt très dure, tantôt toute molle lors de ses passages sur mon clitoris en feu, faisaient au final que c'était tout le bas de mon corps qui était un véritable brasier.

Simultanément, l'extrémité du gland de Ryan s'introduit presque naturellement sous mes lèvres, juste le bout, qui suffisait à m'emplir la bouche lorsqu'il poussa juste un peu.

Ma langue se faisant active, une vague de chaleur se saisit du bas de mon ventre, contrastant avec le frisson qui parcourut le haut de mes cuisses. Tout cela en même temps qu'il m'était administré un cunni comme je n'avais encore jamais connu.

Je luttai un instant contre l'afflux de sensations qui me secouait intégralement le corps, en prenant le sexe en entier dans ma bouche, aidée de la pression des reins que donnait Ryan, activant quelques aller-retour, et alternant la pression de mes lèvres tout en bougeant la tête.

J'aimais, la dureté et la chaleur de ce sexe d'homme ressenti sous ma langue, la longueur du membre coulissant sur l'intérieur de mes joues me semblait se saisir de toutes mes facultés liées au plaisir sans limites.

Tout cela, ajouté aux pincements de mes mamelons, conjointement aux caresses de mes seins qui étaient faites par de multiples mains sur moi, menaient mes sens à l'aliénation, les rendaient désordonnés.

Je ne savais plus d'où me venait le plaisir ultime, il n'était pas lié, ou allant vers un orgasme, c'était un ensemble d'une complexité inouïe, ingérable par la pensée, littéralement indescriptible.

Dans mes fantasmes les plus extrêmes, je m'étais imaginée une fellation dont l'objet serait un sexe d'homme ferme, chaud, au gland dénudé et coulissant dans ma bouche, doucement d'abord, puis au gré de ma volonté, accélérant les mouvements, mais pas un membre qui m'emplissait tel que celui de Ryan, qui caressait ma langue davantage que l'inverse, qui se frottait aux papilles de mes joues, se frottant délicatement à mes incisives, sans pression.

D'autres fois, mes pensées avaient aussi construit de toute pièce la sensation de la langue d'un homme, se jouant de mon sexe trempé de cyprine, appelant littéralement à une pénétration, mais ne me l'autorisant pas, m'obligeant à une souffrance de l'attente par le ressenti du passage de l'organe tout à l'entour de mon entrejambe.

Une fois encore, je me rappelle m'être endormie avec la délicieuse idée de mains de plusieurs hommes me caressant les seins, me triturant les bouts, les emmenant à leur bouche et me les mordillant sans douleur aucune, les plaquant sur le haut du palais, passant leur langue par le bas de mes mamelons durcis et faire d'eux source d'un plaisir divin.

Ryan me faisait sans complexe aujourd'hui vivre tout cela a la puissance dix, sans concertation, sans avis, par le jeu d'une mise en scène élaborée qu'a aucun moment je n'avais vu venir, et dont j'aurais avec certitude refusé la teneur s'il en avait seulement évoqué l'idée.

Mon corps ondulait seul, comme doté de sa propre volonté, non, ça n'était pas moi qui plaquais mon sexe trempé vers cette bouche, non, ça n'était pas moi qui donnais à ma tête ces mouvements rapides d'avant en arrière, ni moi qui cambrait ma poitrine vers ces visages, vers ces mains.

J'étais étonnée de constater combien la somme du plaisir ressenti était démesurée alors qu'en même temps je ne me dirigeais pas vers un orgasme, ce dont j'aurai parié qu'il aurait été effectif si on m'avait dit que toutes ces choses m'arriveraient simultanément.

Ryan se retira, il le fit doucement, il du en même temps donner ordre au faiseur de bonheur de mon bas-ventre d'arrêter son action, car j'entendis simplement cet ordre énoncé :

« — On permute »

Les mains sur mes seins se faisaient toujours actives, les bouches sur mes mamelons aussi, mais il se passa quelque chose de très différent.

Ryan se déplaça, en même temps que ma bouche fut prise par des lèvres, terriblement douces, d'un toucher angélique, en rien comparable à tous les baisers que j'avais pu connaître, équipée d'une langue ensorcelante, s'enroulant littéralement autour de la mienne, passant à l'intérieur même de mes lèvres, un toucher indéfinissable et d'une sensualité indescriptible.

Je m'attendais à la bouche de Ryan sur mon sexe, ça n'est pas exactement ce qui se produisit.

Tandis que le plus indéfinissable, le plus sensuel des baisers m'était donné, il m'embrassa à son tour dans le cou, me glissant à l'oreille...

« — Tu vas jouir comme tu n'as jamais joui, Bel Amour, pas qu'une fois, sois-en certaine. »

Ce « bel Amour » sonna pour la première fois de toute la soirée, il s'en dégagea une personnalisation totale de la situation par le seul fait qu'il ne m'appelait comme cela que dans les moments les plus intimes qui soient.

J'étais à ce moment l'objet de toutes les attentions.

J'étais le centre du monde,

J'étais La Femme,

J'étais Unique. Rien d'autre que cela.

Sans nul doute fit-il le tour de la Croix pour se placer entre mes jambes.

J'avais eu un plaisir incomparable au cunni de tout à l'heure, mais là il se passa quelque chose de plus inattendu.

Je sentais les bouts de mes seins, pourtant durs comme jamais, sous les langues d'opérateurs avisés, devenir encore plus fermes, et rayonnant une sorte d'extase dans tout le haut du corps, ma bouche littéralement capturée par une autre à cette incomparable douceur dont la langue caressait la mienne avec une ineffable virtuosité, et me disait en cet instant que le summum du plaisir et de la volupté me touchait du doigt.

Puis c'est là que Ryan s'attaqua de suite à mon clitoris, sans ambages.

Avec ses doigts, il écarta mes lèvres, dénuda complètement et sans difficulté mon petit bout mouillé, puis une fois alors rendu presque pointu il le plaça dans sa bouche en le suçant.

Je me sentis comme aspirée tout entière, en même temps que sa langue se déplaçait très vite sur mon extrémité.

Il l'enroulait, la passait à plat, tout en aspirant, plaçant ses lèvres de manière à épouser parfaitement l'entour de mon bouton secret.

Je le sentis placer son doigt juste en dessous, et me pénétrer d'abord doucement, puis, une fois complètement introduit, lui donner un mouvement dont chacun des frottements sur les parois de mon sexe faisait exploser une intarissable source de plaisir. Il faisait cela de la main droite, ayant placé sa main gauche bien à plat sur l'intérieur d'une de mes cuisses grandes ouvertes, et la caressant, tantôt du plat de la main, tantôt du bout du revers de ses ongles.

Cet ensemble d'attouchements allait avoir raison de moi, ouverte à tout, en ces instants-là, je le savais.

La vague originelle vint de mon clitoris, comme l'origine d'un tsunami de désirs, d'envie d'être prise sur le champ, puis explosa dans le haut de mes cuisses, me produisant un orgasme clitoridien d'une puissance incontrôlée, parce qu'incontrôlable.

Mon corps, retenu par cette sangle à la taille se cambra sans que je ne lui commandai quoique ce soit, propulsant mon intimité encore plus fort contre la langue de mon amant, mon sexe avalant son doigt au plus profond de moi, et au final mes reins pris d'un mouvement ondulatoire en même temps que ce petit tourment au bas du ventre me prenait, rappelant à mes sens combien le plaisir ultime pouvait se mélanger à une forme de douleur, lancinante, indéfinissable et troublante.

Je ne compris pas la suite, sinon faite du constat du tremblement de mes cuisses, d'un voile blanc m'apparaissant aux yeux, de l'impression d'évanouissement, me disant que là, à ce moment-là, il n'était plus possible d'amener mes sens au-delà de ces sensations extrêmes.

Ce que je croyais être sans limites jusque là me paraissait en cette minute précise, pourtant délibérément atteint.

J'avais tort.

Ce voile blanc n'était pas encore estompé lorsque je pris conscience du repli de la bouche de Ryan sur mon intimité, et du retrait de son doigt.

Alors que mon corps était toujours sous orgasme, et encore parcouru de ces frissons d'extase qui vous saisissent lorsque vous ne trouvez plus de mots pour expliquer le ressenti, je perçus très précisément la seconde ou Ryan déposa son sexe à l'antre de mon vagin, mes reins toujours pris de ce mouvement lancinant, ressentant l'extrémité de son gland, lourd, simplement posé là, ne bougeant pas, qui me produisait un sentiment d'insoutenable, une torture paradoxale, une invraisemblable souffrance, bien plus que tout cela réuni : une exigence.

Il entra en moi lentement, tandis que chacun des centimètres parcourus générait des aller-retour très rapides de mon bassin allant au-devant de cet acte.

Il me pénétrait ainsi, me donnant une impression d'interminable mouvement intrusif, avec la pleine conscience que mon orgasme précédent durait, traversait les secondes atteignaient la minute de temps.

Jamais je n'aurai cru qu'il fut possible qu'un tel état dure ainsi. J'étais là, les yeux révulsés sous mon bandeau, le corps entièrement sous la domination d'un sexe d'homme d'une fermeté extrême rayonnant une chaleur indescriptible dans tout mon être physique.

Un mouvement s'opéra, Ryan me saisissant aux hanches, il prit une cadence régulière, et cette tension du ventre ne me lâchait pas, les spasmes du plaisir me parcourant encore, ce sexe coulissant ainsi dans moi de plus en plus rapidement, avec cette impression d'avoir tout le bas du corps dans une péridurale de bien-être ultime.

Son membre dur me pénétrait puissamment, et aussi rapidement. Encore à ce moment, les vagues de l'orgasme ne m'avaient pas quitté, et des étoiles vagabondes scintillaient toujours sous mon bandeau.

Je sentis alors plus qu'avant le sexe de Ryan comme se gonfler en moi, puis limiter l'ampleur de ses mouvements tout en étant encore plus vifs jusqu'à ce qu'il se fige tout au fond de moi, libérant cet effet de chaleur liquide au moment même ou je sentis venir de mon ventre une sensation dont je ne savais plus si elle était orgasme ou si elle le renouvelait, manifesté par ce retour du voile blanc, un état second, un trouble de l'esprit, une aliénation du fonctionnement de la pensée.

J'avais cette impression de distinguer par tous mes pores chacune des molécules du plaisir généré par le sexe, j'en saisissais le degré de puissance, l'incontestable influence, confinant au mystique.

20. *Épilogue*

Encore aujourd'hui, je me demande si par la suite je ne me suis pas évanouie, ne fut-ce que par courts instants, car je ne me souviens plus...

Il y avait des voix, des silhouettes floues, on me proposa un verre d'eau, je fus couverte d'une serviette, j'avais des frissons, on m'allongea sur un canapé confortable, le visage d'Aline se dessinait parfois, des baisers légers de sa part me faisaient, une fois le bandeau ôté, reconnaître la douceur de ses lèvres qui s'étaient tour à tour emparées des miennes, après m'avoir administré ce cunni mémorable, le regard de Ryan, ses mots doux, réconfortants, ses caresses dans mes cheveux, un mélange de tout cela, fait aussi des sourires bienveillants de tous.

Je fus incapable de savoir qui m'avait, ou comment j'avais été rhabillée, c'est seulement le souvenir, au petit jour, une fois à l'extérieur, de mon visage entre les mains de Ryan, couvert de baisers, puis me ramenant à la voiture, m'y installant, qui se dessine maintenant.

Il me ramena chez moi, une douche commune, le ruissèlement de l'eau tiède sur ma peau non encore démise de sa sensibilité outragée, puis ce sentiment profond de confort et de plénitude qui aménagea sa présence dans les moindres recoins de mon être lorsque mon homme me souleva, prenant mon corps entier dans ses bras, et me déposa sur mes draps, comme l'aurait fait un tailleur de diamants d'un inestimable et précieux saphir dans son écrin.

Un univers de douceur et de coton s'ouvrit à moi.

La tête contre sa poitrine, une main posée sur son corps, flottant dans l'espace, j'avais au fond de moi l'idée que ma vie changeait, mais aussi ce parfum d'interrogation subtile, ce soupçon du fait que cette partie de mon existence n'était qu'une charnière, m'amenant vers un monde dans lequel Ryan me plaçait en son centre, alimentant son imaginaire propre, et générant des suites de moments de vie heureux, desquels se fabrique une forme de félicité, d'enchantement, en tous cas.

Je m'endormis.

Table des matières

De Nuances de gris en Griseries érotiques

Célibataire de toujours, elle s'adonne un certain soir à une folie érotique : La tête pleine d'images de "Cinquante Nuances de Grey" dont elle a lu le Livre, elle se décide à aller voir le film, mais... mais... seule, provocante à outrance, sans-culotte... et avec l'indécente intention de déposer sur sa cuisse nue un objet d'une folle incitation pour celui qui le détecterait dans le noir de la salle.

Son minuscule vibro une fois placé sur sa peau découverte, à portée de main de son voisin de fauteuil repéré dès son arrivée, la suite devrait alors se passer selon ses prévisions, concrétisant son fantasme.

Rien ne se passera comme elle le pensait. C'était compter sans l'existence de cet homme, assis derrière elle, et dont elle ne croisa le regard qu'une demi-seconde.

Il s'ensuit de sa relation avec lui une suite de situations à l'érotisme torride, dépassant au fil des mois tout ce que son imaginaire avait pu construire jusque là.

Séductions, Orgasmes insensés, Caresses et Exhib en ambiance underground, Érotisme insoutenable et Excitation paroxysmique assurée dans des contextes inattendus lui fond découvrir à quel point les frontières de l'acceptable peuvent devenir floues, et combien ce qu'elle croyait être les limites de sa pudeur arrivent à n'être que le point de départ d'un plaisir physique où douleur et jouissance tendent pourtant à communier.

FSC
www.fsc.org
MIX
Papier | Fördert
gute Waldnutzung
FSC® C083411

Kolibri 360 GmbH
Ferdinand-Jühlke-Straße 7
99095 Erfurt, Deutschland
produktsicherheit@kolibri360.de

Druck:
CPI Druckdienstleistungen GmbH
im Auftrag der
Kolibri 360 GmbH
Ferdinand-Jühlke-Str. 7
99095 Erfurt